Ulf Küch

SOKO ASYL

Ulf Küch

SOKO ASYL

Eine Sonderkommission offenbart
überraschende Wahrheiten über
Flüchtlingskriminalität

riva

Bibliografische Information der Deutschen Nationalbibliothek:
Die Deutsche Nationalbibliothek verzeichnet diese Publikation in der Deutschen
Nationalbibliografie. Detaillierte bibliografische Daten sind im Internet über
http://dnb.d-nb.de abrufbar.

Für Fragen und Anregungen:
info@rivaverlag.de

Originalausgabe

1. Auflage 2016

© 2016 by riva Verlag, ein Imprint der Münchner Verlagsgruppe GmbH,
Nymphenburger Straße 86
D-80636 München
Tel.: 089 651285-0
Fax: 089 652096

Redaktion: Antje Steinhäuser
Umschlaggestaltung: Karen Schmidt
Umschlagabbildung: picture alliance/dpa
Satz: Daniel Förster, Belgern
Druck: GGP Media GmbH, Pößneck
Printed in Germany

ISBN Print 978-3-86883-862-6
ISBN E-Book (PDF) 978-3-95971-189-0
ISBN E-Book (EPUB, Mobi) 978-3-95971-190-6

Weitere Informationen zum Thema finden Sie unter

www.rivaverlag.de

Beachten Sie auch unsere weiteren Verlage unter
www.muenchner-verlagsgruppe.de

INHALT

VORWORT

Es gibt in Deutschland ein Thema, über das nur äußerst ungern gesprochen wird: Kriminalität von Flüchtlingen. Das war vor den Vorfällen in der Silvesternacht 2015/2016 in Köln und anderen Städten so, und das hat sich seitdem auch nur in Maßen geändert. Weil aber so ungern darüber gesprochen wird, möchte ich genau das nun tun. Allerdings ist mir klar, dass ich damit Vertreter unterschiedlicher politischer Richtungen gegen mich aufbringen werde. Von der rechten Seite wird mir vermutlich vorgeworfen werden, ich würde die Lage im Land verharmlosen, liberaler und links Ausgerichtete werden mich dafür verurteilen, dass ich die Begriffe Kriminalität und Flüchtlinge überhaupt in Verbindung zueinander bringe.

Aber vermutlich sollte ich zunächst damit beginnen, warum ich mir überhaupt das Recht herausnehme, über ein derart umstrittenes wie auch mit Emotionen behaftetes Thema zu berichten: Ich tue es, weil ich zum einen als stellvertretender Vorsitzender des Bundes Deutscher Kriminalbeamten sehr genau darüber informiert bin, wie die Lage in Sachen Flüchtlingskriminalität in Deutschland tatsächlich ist. Und zum anderen leite ich die Kriminalpolizei in der niedersächsischen Stadt Braunschweig und habe dort im August 2015 die erste Sonderkommission mit initiiert, die sich ausschließlich mit Kriminalität aus den Reihen der Flüchtlinge beschäftigt. Dass ich das getan habe, ist natürlich ein deutlicher Hinweis darauf, dass mir sehr wohl bewusst ist, dass es diese Flüchtlingskriminalität gibt. Da ich aber über derartige Vorkommnisse auch bundesweit informiert bin, ist mir ebenfalls bewusst, dass das Problem weit geringer ist, als es manche Parteien, Organisationen und Politiker der Öffentlichkeit gerne weismachen wollen.

Mittlerweile zeigen uns die Beispiele der Silvesternacht in Köln auch die Folgen einer »Kuschelpolitik« oder blanker Ignoranz, die sich aus den Fehlern der letzten 20 Jahre, aber auch der jüngeren Zeit ergeben haben. Ich werde darauf an geeigneter Stelle noch genauer eingehen. Denn es wird noch darüber zu sprechen sein, wenn auch gleich festgehalten werden kann, dass das Thema insgesamt nicht viel mit der jetzigen Situation und der aktuellen Flüchtlingsproblematik zu tun hat.

Wann immer wir von Flüchtlingskriminalität reden, müssen wir uns bewusst machen, dass allein im Jahr 2015 mehr als eine Million Menschen auf der Flucht nach Deutschland gekommen sind. Und nirgendwo auf der Welt wird man eine so große Zahl an Menschen antreffen, ohne dabei auf einige kriminelle Personen zu stoßen.

Wenn ich hier von kriminellen Flüchtlingen schreibe, hat das zwei weitere Gründe: Ich möchte den Menschen in diesem Land erklären und deutlich machen, dass es diese Kriminalität zwar gibt, dass wir aber durchaus über Mittel und Wege verfügen, sie zu bekämpfen. Wenn wir diese zur Verfügung stehenden Mittel und Wege denn auch gezielt einsetzen. Außerdem geht es mir darum klarzustellen, dass es zwar tatsächlich diese kleine Gruppe von Menschen gibt, die mit dem Ziel nach Deutschland kommt, hier Straftaten zu begehen. Nur darf es schlicht nicht sein, dass die große Mehrheit der dankbaren und friedlichen Flüchtlinge mit diesen Personen über einen Kamm geschoren wird und am Ende unter deren Aktivitäten leiden muss.

Geht es um Flüchtlingskriminalität, dann geht es zudem um eine große Zahl weiterer Fakten, die häufig unterschlagen werden. Ich werde daher auch über jene Fehler berichten, die vor allem im Jahr 2015 von Seiten der verantwortlichen Politiker gemacht wurden. Denn die große Willkommenskultur des Sommers 2015 hat auch dazu geführt, dass wir inzwischen gar nicht mehr wissen, wer überhaupt bei uns im Land ist, und auch nicht, wer sich wo aufhält. Die lange praktizierte Nicht-Registrierung von Flüchtlingen wird nicht nur für die Polizei noch lange ein Thema und auch ein Problem bleiben. Ebenso wichtig ist ein anderes Thema: Die besagte Million Flüchtlinge ist bei uns. Es hilft also nicht, sich zu beschweren oder zu lamentieren. Es geht nun darum, dass wir uns damit beschäftigen, wie es weitergeht, und vor allem, wie wir diese große Zahl an Menschen in unsere Gesellschaft integrieren können. Ohne dass erneut jene Fehler gemacht werden, die im Zuge der letzten großen Flüchtlingswelle in den frühen Neunzigerjahren begangen wurden, und die sich in vielen Städten bis heute als ein ernstes Problem erweisen. Damals hat man sich nämlich nicht entschlossen genug um eine wirkliche Integration gekümmert, sondern die Menschen ohne viel Nachdenken in großer Zahl in bestimmte Stadtteile gestopft, die sich inzwischen zu regelrechten Ghettos entwickelt haben, in denen die Clans herrschen und der deutsche Rechtsstaat eher belächelt als geachtet wird. So konnte an einigen Orten das entstehen, was mitunter als »Parallelgesellschaft« bezeichnet wird.

In diesem Buch komme nicht nur ich zu Wort. Wie bereits erwähnt, habe ich im vergangenen Jahr in Braunschweig eine Sonderkommission in Sachen Flüchtlingskriminalität ins Leben gerufen. Diese Soko wurde zunächst Soko Asyl und später Soko ZERM genannt – die Gründe dafür werde ich in den folgenden Kapiteln noch erklären. Vor allem aber setzt sich diese Soko aus äußerst fähigen und motivierten Beamten zusammen, die inzwischen breite Erfahrung im Umgang mit der Thematik sammeln konnten. In diesem Buch werden sich meine Äußerungen daher mit Berichten der Beamten aus der Soko abwechseln, um praxisnah so umfassend wie möglich die Facetten des Themas abdecken zu können und um unterschiedliche Meinungen wiederzugeben. Die hier zu Wort kommenden Kollegen und auch die Ehefrau eines Kriminaloberkommissars haben ungezwungen und frei ihre Beobachtungen, Einschätzungen und Gefühle niedergeschrieben. Es hat keinerlei Absprachen gegeben. Ich wusste bis zur Zusammenführung der einzelnen Kapitel nicht, was da so zusammenkommen würde.

ES GIBT KEINE KRIMINELLEN VÖLKER –
WIE ALLES BEGANN

Bereits Anfang des Jahres 2015 war festzustellen, dass sich die Zahl der Flüchtlinge stark erhöht, die sich in Richtung der Bundesrepublik bewegten. Und damit auch in die Stadt Braunschweig, in der sich die Landesaufnahmestelle beziehungsweise Landesaufnahmebehörde befindet. Wenn ich an dieser und anderer Stelle unsere Stadt erwähne, dann steht der Name immer auch stellvertretend für alle anderen Städte im Land, die plötzlich mit einer neuen Situation fertig werden mussten.

Schon damals war jedem Kriminalisten in etwa klar, wie sich die Lage weiter entwickeln würde. Dazu braucht es kein Orakel und keine Kristallkugel, die Lage lässt sich recht einleuchtend mit der Situation in einem Fußballstadion vergleichen: Kommt eine große Masse an Menschen zusammen, finden sich darunter immer einige Menschen, die Probleme bereiten oder Theater machen. Genau so ist es 2015 auch gewesen. Schnell stellte sich heraus, dass sich unter den Flüchtlingen offensichtlich ein kleiner Block von Menschen befand, die vor allem oder ausschließlich mit dem Ziel nach Deutschland gekommen sind, hier Straftaten zu begehen. Wir hatten ähnliche Probleme mit der Landesaufnahmestelle auch schon vorher, nur wurden diese Probleme durch die große Zahl an Menschen nun sehr massiv. Also haben wir uns entschlossen, etwas dagegen zu tun.

Weil ich der Meinung bin, dass wir auf spezielle Kriminalitätsentwicklungen, wenn sie sich kurzfristig ergeben, mit einer flexiblen Organisationsform reagieren müssen. Wir dürfen also nicht an dem gewohnten Denken der Polizei festhalten, das sich an den alten Kategorien orientiert, etwa dass Kommissariat eins für den einen Bereich zuständig ist, Kommissariat zwei für den anderen und so weiter und so fort. Denn genau das war ja das Problem, vor dem wir standen. Die Verfahren wie Ladendiebstähle oder auch Raubüberfälle wurden wie gewohnt von unterschiedlichen Stellen bearbeitet. Wir haben uns dann entschlossen, das Thema anders anzugehen, und haben die Flüchtlingskriminalität abgetrennt, beziehungsweise haben wir die Trennung der Zuständigkeiten aufgehoben und stattdessen alles in der Sonderkommission zusammengeführt. Das war der eigentliche Hintergrund für unseren Vorstoß – dass es eine zentrale Stelle geben sollte, in der alle Fälle von Flüchtlingskriminalität bearbeitet werden, egal ob es sich um einen Ladendiebstahl, einen Raub oder auch um Notzucht handelte.

Der zweite wesentliche Anlass für die Einrichtung der Soko war, dass die ganze Diskussion, die im Zusammenhang mit der steigenden Kriminalität im Umfeld der Landesaufnahmestelle aufkam, natürlich auch eine hoch emotionale war. Das merkten wir sehr schnell. In dem Zusammenhang tauchten bald auch radikale Theorien auf, dass die Flüchtlinge alle kriminell sind. Dahinter wiederum verbarg sich die Tatsache, dass es Menschen gibt, die damit ihre politischen Süppchen zu kochen versuchten. Und das wollten wir verhindern. Wie sich im Nachhinein herausgestellt hat, stimmten all diese in die Welt gesetzten Gerüchte natürlich nicht. Es ist ja keineswegs so, dass alle Flüchtlinge, die zu uns kommen, kriminell sind. Das Gegenteil ist der Fall. Bei den Kriminellen handelt es sich um eine verschwindend kleine Minderheit, die allerdings die Gesamtheit der Flüchtlinge in Misskredit zu bringen drohte.

Es handelte sich also letztlich um eine Kombination von Gründen, aus denen wir die Sonderkommission ins Leben gerufen haben. Verbunden war damit auch der Wunsch, der Bevölkerung zu signalisieren, dass wir unseren Schutzauftrag wahrnehmen und ernst nehmen. Denn das ist schließlich die eigentliche Aufgabe der Polizei: Sie ist es, die Gefahren für die öffentliche Sicherheit und Ordnung abzuwehren hat. Gleichzeitig war es uns aber auch sehr wichtig, den Menschen zu verdeutlichen, dass wir sehr differenziert an die Sache herangehen. In keinem Moment ging es uns darum, Menschen aus bestimmten Herkunftsländern an den Pranger zu stellen oder sie per se als Kriminelle zu stigmatisieren. Es war und ist uns vielmehr vollkommen egal, mit welchen Nationalitäten wir es zu tun haben. Es sind alles Menschen, und ich habe immer wieder betont, dass es keine kriminellen Völker gibt.

Es handelt sich vielmehr um Kriminelle, die im Strom der Asylsuchenden mit eingereist sind. Es sind also Menschen, die zu uns gekommen sind und die Straftaten begehen. Daher werden sie auch wie Straftäter behandelt.

Genau diese sehr begrenzte, aber auch sehr auffällige Gruppe innerhalb des Flüchtlingsstromes ist das Problem gewesen, das wir hier gehabt haben und immer noch haben.

Hinzu kam, dass sich aufgrund der zunehmenden Diebstähle in den Innenstadtgeschäften und den Vorkommnissen in dem Stadtteil Kralenriede der »Einsatztakt« unserer Kolleginnen und Kollegen der Schutzpolizei enorm erhöhte. Ferner die teilweise Gewaltbereitschaft einiger Straftäter und der Frust, dass sie diese, auch nach Rücksprache mit der Staatsanwaltschaft, nach der Vernehmung – Personalien standen ja sowie nie fest – wieder laufen lassen mussten, um sie zwei Stunden später wieder aus irgendeinem Geschäft nach einem erneuten Diebstahl abholen zu müssen. Damit war, wie man so sagt, der Rubikon überschritten, und wir sahen erhöhten Handlungsbedarf.

Aber genau das haben viele anfangs überhaupt nicht verstanden. Wir wurden beschimpft, dass wir gegen Ausländer ermitteln, und dass wir uns damit nur um eine Seite eines Problems kümmern würden. Die Rechten wiederum haben uns ganz andere Dinge vorgeworfen – dass wir etwa nicht mehr darauf achten, was diese Ausländerkriminalität für die Bevölkerung bedeutet.

Aus diesem Grund haben wir irgendwann gesagt, und das muss auch die Maxime der deutschen Polizei sein: Dass unabhängig von Ethnie ermittelt wird – genau das und nichts anderes haben wir hier gemacht. Wir behandeln diese Menschen wie deutsche Straftäter oder Straftäter aus Ländern, die nicht zu den typischen Herkunftsländern der Flüchtlinge zählen.

Dass es sich zunächst ausschließlich um den Personenkreis aus der Landesaufnahmestelle handelte, hängt einfach damit zusammen, dass wir aufgrund der großen Menge der Menschen, die da durchgereicht werden, insbesondere dort mit Straftätern zu tun gehabt haben. Es hätten aber auch ganz andere Gruppen sein können.

Aber kehren wir noch einmal zu der grundsätzlichen Situation in Braunschweig zurück, die schließlich zu der Gründung der Soko führte. Zu Beginn des Jahres bemerkten wir, dass es einen massiven Anstieg von Straftaten gegeben hatte. Das galt besonders für den innerstädtischen Bereich und für den Stadtteil Kralenriede, der sich in unmittelbarer Nähe zu der Landesaufnahmestelle befindet. Dieser Stadtteil liegt im Norden Braunschweigs und zeichnete sich bislang durch einen eher beschaulichen Alltag aus. In Kralenriede finden sich vor allem Einfamilienhäuser, insgesamt leben dort kaum mehr als 3000 Menschen, und für die Polizei ist dort normalerweise recht wenig zu tun. Es ist ein gutbürgerlicher Stadtteil mit gutsituierten Bewohnern.

Nun aber waren die Zahlen der Einbrüche regelrecht explodiert – jedenfalls im Vergleich mit der zuvor fast zu vernachlässigenden Zahl derartiger Delikte. Wir haben das Problem zunächst mit Bordmitteln zu bekämpfen versucht, also mit den üblichen Mitteln polizeilicher Arbeit. Das jedoch ist uns nicht gelungen. Der nächste und eigentlich nur logische Schritt bestand dann in der Einrichtung einer Sonderkommission.

Von Anfang an allerdings gab es dabei ein Problem, das sich seitdem kaum verändert hat: Dass man nämlich über das Thema der Kriminalität von Flüchtlingen in diesem Land nicht so gerne spricht. Wer es trotzdem tut, setzt sich damit auch der Gefahr aus, dass er auf die rechtsradikale Schiene gesetzt wird. Was jedoch vollkommener Unsinn ist. Ich weiß, dass weder ich noch meine Kollegen von der Soko solche oder ähnliche Gedanken im Hinterkopf haben. Es mag sein, dass ich mich wiederhole, aber uns ging und geht es lediglich darum, dass wir Straftaten verhindern wollen, weil genau das und nichts anderes unsere Aufgabe ist. Und ich muss es erneut betonen: Niemand sollte überrascht sein, dass unter einer großen Anzahl von Menschen immer auch Kriminelle zu finden sind. Im Jahr 2015 sind mehr als eine Million Flüchtlinge in Deutschland angekommen. Das entspricht ungefähr der Einwohnerzahl einer Großstadt wie Köln. Ist Köln eine kriminelle Stadt? Nein, auch nicht nach den Vorfällen von Silvester. Hier hat sich eine kriminelle Horde ausgetobt und schweren Schaden in der Flüchtlingsfrage angerichtet.

Andersherum gefragt: Gibt es unter den Bürgern Kölns auch einige kriminelle Subjekte? Auf jeden Fall. Weil es bei der großen Zahl an Einwohnern einfach vollkommen normal ist, dass nicht jeder das Gesetz in jeder Minute befolgt, und weil es sicher einige gibt, die mit Kriminalität ihr Geld verdienen wollen. Genau wie es bei einer sehr begrenzten Zahl von Flüchtlingen der Fall ist. Weil sich unter einer Summe X von Menschen immer Kriminelle befinden. Das ist eine Tatsache, die jeder Soziologe bestätigen kann und bestätigen wird.

Genau das haben wir hier in Braunschweig festgestellt, und deswegen gehen wir gegen diesen Personenkreis vor – nichts anderes machen wir. Ich selber bin jetzt seit mehr als 41 Jahren bei der Polizei, und so ist das, was hier geschieht, auch überhaupt keine Überraschung für mich. Was mich dagegen wirklich überrascht, ist der Umstand, dass andere genau das noch gar nicht bemerkt haben.

Was ein solches Vorgehen gegen Kriminalität von Flüchtlingen aber tatsächlich bewirken kann, das zeigt auch die Kriminalitätsstatistik. Weil es sich eben nicht um die Masse der Flüchtlinge handelt, und weil wir gegen diesen begrenzten Kreis von Kriminellen sehr intensiv vorgegangen sind, haben wir keinen signifikanten Anstieg der Kriminalität in der Stadt Braunschweig in 2015. Und dies, obwohl uns prophezeit wurde, die Stadt würde in Kriminalität »absaufen«.

Aber kehren wir noch einmal zurück zu der Vorgeschichte. Begonnen hatte alles schon vor dem Jahr 2015. Der Gründung der Sonderkommission ging eine viele Monate lange Phase voraus, in der die Stimmung in der Stadt sich wandelte. Braunschweig stufe ich in diesem Zusammenhang nicht als Einzelfall ein, sondern als ein Beispiel für eine sich verändernde Situation, die man auch in anderen deutschen Städten mit größeren Flüchtlingsunterkünften feststellen kann. Im Jahr 2014 war der Begriff Flüchtlingskrise noch nicht in aller Munde, doch auch damals schon verzeichnete die Europäische Union einen starken Anstieg der Flüchtlingszahlen – und zwar im Vergleich zum Vorjahr um rund ein Drittel auf mehr als 600 000 Menschen. Und diese Menschen stellten ihre Asylanträge vor allem in Italien, in Schweden und eben auch in Deutschland.

Die Landesaufnahmestelle für Flüchtlinge in Braunschweig gibt es inzwischen seit rund 20 Jahren, die Menschen in der Stadt sind also seit langem vertraut mit der Einrichtung und auch mit den Personen, die dort vorübergehend aufgenommen werden. Doch bereits im Oktober 2014 und damit fast ein Jahr, bevor die Soko ihre Arbeit wirklich aufnahm, erschienen in lokalen Medien Artikel über die Zustände in der Landesaufnahmebehörde, und auch über das Verhalten von Flüchtlingen. Außerdem machte auch die rechte Szene schon damals mobil gegen Flüchtlinge.

So erschien auf dem Regional-Portal *regionalbraunschweig.de* am 11. Oktober 2014 ein Artikel unter der Überschrift »Flüchtlingssituation in Braunschweig ist angespannt«. Darin wurde über eine Überbelegung der Landesaufnahmebehörde geschrieben: Die eigentlich auf nur 550 Flüchtlinge ausgelegte Einrichtung müsse aktuell 750 Menschen Raum bieten – was vor dem Hintergrund der weiteren Entwicklung im Jahr 2015 immer noch geradezu paradiesische Zustände waren. Denn die Zahlen sollten eben noch bis auf fast 4 000 Menschen steigen.

Trotzdem zeigten sich die Bewohner der Stadt schon damals besorgt. Sie empfanden einerseits die Unterbringung so vieler Personen auf so engem Raum als kaum menschenwürdig, vor allem aber regte sich auch Protest gegen die Flüchtlinge und deren Handeln. Schon damals wurde eine Bürgerinitiative gegründet, die sich vor allem darüber beklagte, dass durch die hohe Zahl von Flüchtlingen in Braunschweig inzwischen Belästigungen, Diebstahl, Körperverletzungen und auch Drogenmissbrauch an der Tagesordnung seien.

Das Portal zitierte in besagtem Artikel aus einem Brief, den man von der Bürgerinitiative erhalten hatte. Darin habe gestanden: »Das Allerschlimmste ist, dass die Politiker absolut keine Anstalten machen, die desaströse Lage zu verbessern. Wie zuletzt bei der Bezirksvertretung im Heinrich-Jasper-Haus, wo die Bürger über ihre Probleme berichteten. Und von der Vertreterin der Landesaufnahmebehörde und den anderen

Politikern kamen nur Beschwichtigungen, man kenne die Vorkommnisse, könne aber nichts tun. Dem ganzen die Krone aufgesetzt hat dann die freche Aussage, dass man im Heidberg ebenfalls Probleme mit Müll und rund ums Stadion ebenfalls Probleme mit Lärm gibt.« Dass die so zitierte Aussage grammatikalisch nicht vollkommen korrekt ist, soll hier nichts zur Sache tun. Es geht allein darum, dass schon zu jener Zeit Beschwerden darüber aufkamen, dass es im Umfeld der Landesaufnahmebehörde zu laut sei, und dass vermehrt Abfall auf Straßen und Gehwegen zu finden war. Fast zeitgleich kam allerdings auch der Verdacht auf, diese Bürgerinitiative sei eine Tarnorganisation rechter Gruppen, die in der Stadt die Stimmung gegen Flüchtlinge weiter anheizen wollte.

Natürlich wurde schon zu jener Zeit die Polizei ebenfalls zur aktuellen Lage befragt. Vor allem ging es immer wieder um Vorfälle in dem besagten Stadtteil Kralenriede, in dem die Stimmung besonders angespannt war. Daher kommt in dem von mir zitierten Artikel auch ein Sprecher der Braunschweiger Polizei zu Wort, der im Oktober 2014 noch sagte: »Bei vollem Verständnis für die Sorgen der dortigen Anwohner und Kunden in den Geschäften, in denen auch Asylbewerber einkaufen, sieht die Polizei keine besondere Problematik. Eine besondere Kriminalitätsbelastung, zum Beispiel durch mehr Diebstähle in Geschäften, Belästigungen oder anderen Delikten ist uns nicht bekannt. Möglicherweise haben öffentlichkeitswirksame Vorkommnisse und Auseinandersetzungen innerhalb der Landesaufnahmebehörde (LAB), auch durch die Berichterstattung, zu einer Wahrnehmung der Bürger geführt, die sie in ihrem Sicherheitsempfinden negativ beeinflusst hat.« Auch die Vielzahl fremder Menschen, die sich auf dem Weg zwischen der LAB und den ansässigen Geschäften bewegten, mögen zwar subjektiv als bedrohlich empfunden werden, er-

klärte der Kollege von der Pressestelle weiter. Polizeilich rele-
vante Vorkommnisse gebe es aber nicht.

Wie gesagt, das alles trug sich im Oktober 2014 zu. Und ich
gebe auch zu, dass wir uns erst einmal mit der Situation vertraut machen mussten, dass wir etwas lernen mussten. Doch
so wie sie im Oktober noch war, blieb die Situation nicht.
Denn mit dem Beginn des Jahres 2015 stiegen die Flüchtlingszahlen noch einmal massiv an. Nicht nur die, sondern auch
die Zahlen der in der Landesaufnahmebehörde untergebrach-
ten Menschen erreichten immer neue Höchstwerte. Bereits im
März des Jahres lagen sie schon immer deutlich über 2 000
oder bei 2 500. Wir wussten natürlich, dass die eigentlichen
Aufnahmekapazitäten gar nicht so groß sind. Ursprünglich
war die LAB wie gesagt auf nur 550 Personen ausgelegt, dann
hatte man dies mit zusätzlichen Unterbringungsmöglichkeiten
auf etwa 1 300 hochgefahren. Was natürlich immer noch bei
weitem nicht ausreichend war. Wir haben dann bald gemerkt,
dass die Kollegen von der Landesaufnahmebehörde, die vor
Ort arbeiteten, an ihre Grenzen stießen.

Doch bald ging es nicht mehr allein um die Zahl der Asylsuchenden. Was uns in unserer Arbeit als Kriminalbeamte seit
Beginn des Jahres 2015 ebenfalls auffiel, das war eben der mas-
sive Anstieg der Straftaten. Was in der Stadt dabei besonders
auffiel, war die enorme Zunahme an Ladendiebstählen – vor
allem auch die Diebstähle hochpreisiger Waren. Es ging also
nicht um Schokoriegel oder kleine Diebstähle beim Discounter,
sondern um Diebstähle in Kaufhäusern oder Ladengeschäften,
bei denen auch äußerst kostspielige Dinge gestohlen wurden.

Was ebenfalls massiv auftrat, waren sogenannte Antanz-
versuche, über die nach den Vorfällen in der Silvesternacht in
Köln ja auch bundesweit berichtet wurde. Dabei geht es um
eine Masche, die vor allem bei Nordafrikanern sehr verbreitet

ist. Sie gehen in Gruppen von drei oder vier Leuten auf ältere Menschen, hilflose Menschen, auf Betrunkene oder eben auch auf Frauen zu. Die werden angetanzt und mit diesen tanzähnlichen Bewegungen abgelenkt oder aus dem Gleichgewicht gebracht, immer mit dem Ziel, sie zu bestehlen und ihnen Geldbörse oder Handy aus den Taschen zu ziehen. So etwas kam wiederholt und mehrfach vor.

Gerade dieser Anstieg der Antanzmasche war aber für uns ebenfalls ein Signal, dass sich hier etwas forcierte, das wir schon seit Jahren in der Kriminalitätsbekämpfung kannten. Durch die Vorfälle in Köln hat sich erneut gezeigt, dass sich diese Tätergruppen, die zweifelsfrei nicht die klassischen Flüchtlinge sind, schon zum Teil seit Jahren mit einem Duldungsstatus in der Bundesrepublik befinden. Aber trotz zum Teil erheblicher Vorstrafen können sie nicht abgeschoben werden, da ihre Herkunftsländer entweder die »Annahme« verweigern, weil keine Aus- und Überlieferungsverträge mit der Bundesrepublik Deutschland bestehen, oder überhaupt nicht geklärt ist, wo sie denn nun tatsächlich herstammen. Doch dazu noch später.

Daneben nahmen auch die Schlägereien zu. Sodass wir uns gesagt haben, dass wir uns mit dem Themenbereich intensiver beschäftigen müssen. Dazu kam noch etwas anderes: ein enormer Anstieg von Einbruchsdiebstählen. Wenn ich sage enorm, dann ist das wie gesagt vor dem Hintergrund zu verstehen, dass der Stadtteil Kralenriede, um den es vor allem geht, eigentlich ein sehr ruhiges Wohngebiet ist. Dort wohnen rund 3 000 Menschen und es ist insgesamt relativ ruhig in Bezug auf Straftaten. Die Einbruchszahlen bewegten sich dort bislang auf das Jahr gerechnet im einstelligen Bereich. Nur lebten dort inzwischen eben nicht mehr die 3 000 einheimischen Anwohner, hinzu kam etwa die gleiche Zahl an Flüchtlingen.

Dann veränderte sich etwas in Kralenriede, und zwar nicht nur in Bezug auf die Bewohnerzahlen. Statt auf sieben bis zehn Einbrüche im Jahr kamen wir nun plötzlich auf Einbruchszahlen von etwa 40 Fällen. Da haben wir uns gesagt, dass da wirklich etwas nicht mehr stimmt. Also haben wir uns intensiv mit den Vorgängen auseinandergesetzt, und nach relativ kurzer Zeit haben wir festgestellt, wer für die Zunahme an Einbrüchen verantwortlich ist. Diese Personen haben wir schließlich auch festgenommen.

Es handelte sich um Personen aus dem nordafrikanischen Raum. Deren genaue Identitäten allerdings kennen wir nicht, da sie keine Pässe haben. Mittlerweile sind die Täter aber rechtskräftig verurteilt.

Zum Sommer hin hatten wir außerdem einen Fall eines Notzuchtdeliktes. Eine junge Frau war angegriffen worden, und zwar in unmittelbarer Nähe der Landesaufnahmebehörde. Wieder handelte es sich bei den Tätern um Angehörige besagter Personengruppe. Spätestens zu diesem Zeitpunkt war klar, dass die Sache nun einen zusätzlichen Drive bekam, und wir sind dazu übergegangen, uns ganz speziell mit den Menschen zu befassen, die aus der großen Masse der Asylanten und Asylbewerber heraus Straftaten begehen. Mittlerweile sind wir so weit, dass wir wirklich konkrete Anhaltspunkte haben, dass es sich hier auch um Bandenkriminalität handelt – was wir von Anfang an ahnten, aber eben noch nicht mit Fakten unterfüttern konnten. Es handelte sich also um Personen, die ganz gezielt nach Deutschland geschickt worden sind, um hier Straftaten zu begehen. Das Diebesgut wird anschließend über sehr raffinierte Wege ins Ausland befördert.

Außerdem wurden Wohnungen gezielt ausgeräumt. Was uns dabei überrascht hat, war etwas, das Einbrecher normalerweise nicht machen: In zwei Fällen sind die Wohnungseigentümer von den Einbrechern nämlich auch angegangen und körperlich bedroht worden. Die Täter, die dort eingebrochen sind, haben also die Wohnungseigentümer angegriffen, als die sie bei der Tat überrascht haben. Das ist eigentlich ein Phänomen, das relativ selten vorkommt. Und das hat uns sehr, sehr hellhörig gemacht. Damit wurde uns endgültig deutlich, dass wir hier etwas machen müssen. So etwas kann man nicht ignorieren, und zwar unabhängig von der Frage, ob es womöglich Zusammenhänge mit der Landesaufnahmebehörde gibt. Das wussten wir zu dem Zeitpunkt außerdem noch gar nicht. Wir haben nur angenommen, dass es so ist, weil die Geschädigten die Täter häufig als Menschen beschrieben haben, die von ihrem Auftreten und ihrer Erscheinung her als aus dem nordafrikanischen Raum stammten. Am Ende stellte sich heraus, dass die Beschreibungen und Vermutungen zutrafen, dass es sich also tatsächlich um Nordafrikaner handelte. Bei uns herrschte daraufhin höchster Alarm. Wir mussten den Vorgängen einen Riegel vorschieben, damit es nicht zu noch schwerwiegenderen Vorfällen kam.

Die Vorgeschichte der Soko bestand also darin, dass wir genau das bei der hiesigen Kripo festgestellt haben. Das wiederum hat anfangs zu durchaus kontroversen Diskussionen geführt, was grundsätzlich gar nicht schlimm ist. Wir haben es – auch über die Staatsgrenzen hinaus – durchaus mit Personen oder Kreisen zu tun gehabt, die die Lage und das Thema anders bewerteten. Am Ende aber haben wir auch diese Menschen überzeugen können. Indem wir gesagt haben: Leute, das ist die einzige Möglichkeit, wie wir uns erfolgreich durchsetzen können. Inzwischen wird das Thema Sonderkommission auf breiter Front mitgetragen, und zwar bis hin zur Behördenleitung.

Am Anfang allerdings, und das will ich gar nicht verhehlen, war sehr viel Überzeugungsarbeit zu leisten. Weil man nicht wollte – und ich weiß immer noch nicht, warum dieser Reflex immer wieder auftaucht –, dass, wenn die Polizei gegen eine Ethnie ermittelt, das automatisch mit Fremdenfeindlichkeit gleichgesetzt wird. Und wenn ich mir jetzt die Diskussion nach den Vorfällen in Köln anhöre, bin ich nur noch am Staunen. Natürlich gab es klare politische Vorgaben, wie mit Straftätern umzugehen war, die man insgesamt als »Nichtdeutsche« bezeichnet. Man wollte vermeiden, dass hier eine Stigmatisierung seitens der Polizei und nachfolgend der Medien und dann der Bevölkerung eintrat. Man hat das aber so abschließend durchgeführt, dass überhaupt nichts mehr nach draußen gedrungen ist. Selbst in unseren Datenverarbeitungssystemen gab und gibt es keine Möglichkeit, hier differenziert nach verschiedenen »Landmannschaften« zu suchen. War die Idee hinter diesem Gedanken sicherlich »reinen Herzens«, so fatal war das Ergebnis innerhalb der damit umgehenden Sicherheitsbehörden. Wir waren daher kaum sprechfähig und das ganze Dilemma dieser Vorgehensweise offenbart sich jetzt. Das wäre zu vermeiden gewesen, wenn hier ebenfalls eine differenzierte Berichterstattung zugelassen worden wäre. Jetzt haben wir den Salat und man glaubt uns nichts mehr.

Was mich aber besonders aufregt, ist jetzt das zum Teil scheinheilige Verhalten der Politiker. In der Sendung »Hart aber fair« vom 11. Januar 2016 stellte sich dann eine ausgewachsene Ministerpräsidentin und eine ehemalige Bundesministerin der GRÜNEN hin und zog über die Polizei her, die jetzt alleine für das entstandene Chaos in dieser Kölner Nacht verantwortlich sei. Nein, meine lieben Politikerinnen und Politiker. Diese Suppe hat sich nicht die Polizei eingebrockt. Das ist von »langer Hand« vorbereitet gewesen. Jetzt ruft man »Haltet den Dieb«, meint damit zum Teil die Polizei und die Ausländerwaltung und schlägt sich in die Büsche.

Wir haben von Vornherein immer wieder betont, dass die Arbeit mit Fremdenfeindlichkeit überhaupt nichts zu tun hat. Es geht um Menschen, die bei uns kriminell handeln, und die Straftaten begehen. Genau so wie man ein Argument nicht durchgehen lassen kann, das ich häufig höre: Dieses »Na ja, die kommen ja aus Afrika, oder die kommen ja aus Asien« – das seien daher ja Menschen, die das gar nicht wissen. Tatsache ist, dass diese Menschen das ganz genau wissen. Ich sage mal so: Das Pendant der zehn Gebote gilt weltweit. Auch in Afghanistan darf nicht gestohlen werden, auch in Zentralafrika darf nicht gestohlen werden. Und auch dort geht man nicht einfach in ein Haus rein und räumt die Bude aus. Auch die Frauen darf man dort nicht belästigen. Was ich damit sagen will: All diese Argumente kann man hier nicht gelten lassen. Wenn die Menschen herkommen als unsere Gäste und als Schutzsuchende, dann haben sie sich auch gefälligst unseren Normen unterzuordnen. Nichts anderes fordern wir ein, und auch die Justiz verfährt so. Es wird ja keiner verurteilt, weil er Schwarzafrikaner ist oder Kaukasier. Er wird verurteilt, weil er eine Straftat begangen hat.

Erstmals habe ich mich im März 2015 mit dem Leiter unseres Einbruchskommissariats und meinem jetzigen Abwesenheitsvertreter, dem ersten Kriminalhauptkommissar Henning Kaufmann, zusammengesetzt, und über die Gründung einer Sonderkommission im März 2015 nachgedacht – also ein knappes halbes Jahr, bevor die Soko tatsächlich ihre Tätigkeit aufnahm. Damals meldeten sich erste Kollegen und berichteten davon, dass da irgendwas nicht stimmt. Wir haben uns die Zahlen vorgenommen und intensiv überprüft. So begann der gesamte Prozess, und damit auch die gesamte Diskussion. Ich würde das in Zukunft wahrscheinlich nicht noch einmal so machen. Aber es war zu jenem Zeitpunkt vermutlich der einzig gangbare Weg, mehr Überzeugungsarbeit leisten zu können. In solchen Situationen muss man aber wahrscheinlich eher reagieren.

Wenn ich sage, dass ich es nicht noch einmal so wie im Jahr 2015 machen würde, meine ich die lange Vorlaufphase. Eine Vorlaufphase der internen Diskussion. Ich sehe das im Nachhinein sehr kritisch. Ich habe gerade erst kürzlich noch einmal mit einem Kollegen aus der Stadt über das Thema gesprochen. Und wir sind zu dem Ergebnis gekommen, dass man durchaus bestimmte Sachen abkürzen könnte. Aber wahrscheinlich war es damals eben noch nicht so weit, die Zeit war noch nicht reif, einen so entscheidenden Schritt zu machen – insbesondere in einer politisch sehr aufgeheizten Phase des Willkommens, des *Refugees welcome* und des Alle-sind-willkommen.

Da kommen wir daher und sagen, dass wir auch Kriminelle dabei haben. Das passte zu der Zeit einfach nicht in die politische Diskussion. Da sind schnell viele nicht zu unrecht sehr vorsichtig geworden, weil sie auch befürchteten, dass, wenn man als Polizeiangehöriger, aber sicher auch als Vertreter der Justiz, gegen diesen Personenkreis vorgeht, man von einigen Menschen sehr schnell in die rechte Ecke gestellt wird. Genau davor scheuen viele zurück.

Da muss man schon einen langen Atem haben. Ich habe kürzlich in einem Fernsehinterview gesagt, dass ich inzwischen alle politischen Richtungen durchhabe. Von den einen bin ich als Linker beschimpft worden, von den anderen als Rechter. Das ist eine sehr schwierige Situation für leitende Polizeibeamte, da das richtige Standing zu bekommen, und das alles dann auch durchzuhalten. Da gibt es schon den einen oder anderen, der genau das vermeiden möchte.

Das kann ich sogar nachvollziehen, weil es irgendwann dann auch bis ins Persönliche geht. Man wird als Person auch in der

Öffentlichkeit diskreditiert. Und selbst der Name der von uns gegründeten Soko wurde ja zum Thema gemacht. Wir hatten unsere Soko zunächst Soko Asyl genannt – einfach weil es um kriminelle Flüchtlinge beziehungsweise Asylbewerber ging. Schnell machten Medien daraus jedoch einen Vorwurf: Die Bezeichnung schüre Vorurteile, würde Flüchtlinge im Grunde sogar mit einem Generalverdacht belegen. Was natürlich Blödsinn ist. Aber die Gründung der Soko und die besagte Kritik fielen eben in eine Zeit, in der die Stimmung im Land eine andere war, und man sich solchen Diskussionen nicht aussetzen wollte. Also wurde die Soko noch in ihrem Gründungsmonat August offiziell umbenannt in die Soko ZERM, was nichts anderes als Zentrale Ermittlungen bedeutet, und den Kern der Sache ebenfalls trifft. Dass dieses Buch den Titel Soko Asyl trägt, kann aber auch als ein Indiz dafür gewertet werden, was meine Kollegen und ich über die Umbenennung denken.

Die Grundphilosophie bei der Gründung der Soko war die, dass wir uns gesagt haben: Wir touchieren hier fast das gesamte Strafgesetzbuch; wir haben uns also um Raubüberfälle zu kümmern, wir haben auch ein paar Sexualdelikte gehabt, wir haben ein bisschen Drogenkriminalität, wir haben Einbrüche, wir haben Ladendiebstahl – es ist also im Grunde die gesamte Bandbreite des Hauses dabei. Einschließlich der umliegenden Dienststellen, also der Polizeikommissariate. Dazu kam dann noch die Frage, was mit IS-Terrorismus ist, also musste auch jemand vom Staatsschutz dabei sein.

Das führte dazu, dass ich aus jedem Fachkommissariat eine Kollegin oder einen Kollegen herausgenommen habe. Das war die Basis für alles, und diese Basis haben wir dann durch Kollegen aus den umliegenden Polizeikommissariaten und den umliegenden Inspektionen ergänzt. Sodass wir zunächst auf eine Personalstärke von 13 Personen gekommen sind. Wir haben also ein Spektrum der gesamten kriminalpolizeilichen Kompetenz in dieser Sonderkommission. Das Einzige, was diese Soko nicht macht, auch das haben wir vorher festgelegt, ist die Bearbeitung außergewöhnlich schwerer Straftaten wie einen besonders schweren Raubüberfall oder ein Tötungsdelikt. So etwas würde ich ein Fachkommissariat übernehmen lassen. Aber ansonsten ist die Soko vollkommen autark und auf sich gestellt. Sie können vom Ladendiebstahl bis zum Raubüberfall alles bearbeiten.

Die persönliche Einstellung der Einzelnen zum Themenkomplex der Flüchtlinge spielte dabei keine vordergründige Rolle. Weil ich davon ausgehe, dass die Kolleginnen und Kollegen da vollkommen offen sind. Ich weiß, dass der Polizei immer mal wieder unterstellt wird, es gehe dort ausgesprochen konservativ zu, aber genau das kann ich hier nicht feststellen. Das Gegenteil ist der Fall: Wir haben erst einmal mit jeder und jedem Einzelnen gesprochen, und ich habe jedem auch deutlich gemacht, was ich von den Beteiligten erwarte. Ich habe immer auch betont, dass mit der Aufgabe eine besondere Verantwortung einhergeht. Nämlich die Verantwortung, etwas festzustellen, das parteipolitisch und vor allem von rechtsradikalen Gruppierungen massiv ausgenutzt werden wird. Dass aber unser Ziel darin bestehen muss, zu einer Befriedung der Stimmung innerhalb der Bevölkerung beizutragen. Daher müssen und mussten wir gute Arbeit machen – objektive und gute Arbeit. Genau das hat jeder Einzelne auch sehr gut verstanden, und ich muss mich momentan darum nicht weiter kümmern.

Mit dem Leiter der Soko und dessen Vertreter läuft seitdem alles hervorragend, und die Rückmeldungen von der Staatsanwaltschaft und dem Gericht fallen ausnahmslos positiv aus. Alle beteiligten Stellen sprechen davon, dass die Soko einfach eine topp Arbeit macht. Hinzu kommt, dass alle an der Soko

Beteiligten ihre Aufgaben auch höchst motiviert angehen. Inzwischen melden sich auch immer wieder Dienststellen von außen bei uns, denen wir dann die von uns genutzten Vordrucke auf Wunsch zuschicken, um sie zu unterstützen. Landeskriminalämter fragen bei uns an, Inspektionen fragen bei uns an, der Soko-Leiter ist mittlerweile häufig unterwegs und hält vor interessierten Kollegen Vorträge. Alles in allem: Innerhalb der Organisation der Polizei hat die Gründung der Sonderkommission enorm viel gebracht.

Ich selber habe selten Kollegen erlebt, die so engagiert und motiviert ihre Arbeit gemacht haben. Einer der Gründe dafür ist zweifelsfrei der, dass die Soko mit ihrer Arbeit eben auch Erfolg hat. Dabei meine ich gar nicht mal, dass der Erfolg sich darin ausdrückt, dass Straftäter überführt und in der Folge eingesperrt werden. Darum allein geht es gar nicht. Es geht darum, dass sie den Erfolg ihrer Arbeit miterleben können. Und dieser Erfolg besteht darin, dass die Arbeit und das damit verbundene Engagement etwas bewirken. Es bewirkt etwas in der Bevölkerung, die nun weiß, bei der Polizei wird etwas getan, und man kümmert sich um unsere Probleme. Wenn ich ein Problem habe, dann rufe ich die Polizei und diese Polizei kommt auch wirklich und tut ihr Möglichstes, um das Problem zu lösen beziehungsweise den Verantwortlichen für die Straftat zu ermitteln und am Ende dingfest zu machen.

Die Kollegen selber wiederum haben nicht mehr das Gefühl, dass sie am Ende doch nur für den Papierkorb arbeiten. Was ja sonst, wenn man ehrlich ist, doch häufig der Fall ist. Da wird dann nur noch stoisch entgegengenommen, ein Stempel draufgedrückt und der Vorgang an die Staatsanwaltschaft geschickt – als unbekannter Täter. Dass das aber hier nicht der Fall ist, ist eben auch ein Garant dafür, dass eine Ermittlungsgruppe erfolgreich arbeitet.

DER ANFANG UND DIE UMF

Kriminalhauptkommissar Torsten Heuer, Leiter der Soko

Ende Juli wurde ich zu meinem Chef gerufen. Er wolle mich sprechen, hieß es. Ich hatte keine Ahnung, um was es gehen sollte. Doch das sollte ich schnell erfahren: Es ging um den Plan, eine Sonderkommission einzurichten. Ich saß also bei ihm, und er erzählte davon. Auslöser war ein Anstieg von Straftaten in Zusammenhang mit Flüchtlingen beziehungsweise Asylanten. Dabei ging es besonders um das Umfeld der Landesaufnahme-behörde im Stadtteil Kralenriede, aber auch um eine Zunahme von Taten direkt in der Stadt. Die Zahl der Einbrüche und La-dendiebstähle war angestiegen. Vor diesem Hintergrund wurde ich gefragt, ob ich die Sonderkommission leiten möchte. Meine Antwort lautete kurz und klar: Ja, mache ich.

Angefangen hatten die Planungen übrigens schon im März und damit fast ein halbes Jahr vor der tatsächlich durchge-führten Einsetzung der Sonderkommission im August 2015. Zunächst bildete man damals eine Arbeitsgruppe, in der sich bei uns zehn oder zwölf Leute zusammengesetzt haben, um zu überlegen, wie sie die Situation in den Griff bekommen können. Darunter befanden sich Führungskräfte sowie Ver-treter aller Dienststellen. Also von der Schutzpolizei, von den Revieren, der Ermittlungsgruppe Taschendiebstahl und auch von der Kripo. Man wurde sich einig, dass es sinnvoll ist, eine Ermittlungsgruppe zu gründen, die sich ausschließlich mit derartigen Fällen beschäftigt. Also nur mit Flüchtlingen und Asylanten, und zwar zentral. Also nicht so, wie es bislang der Fall war. Bis dahin machte die eine Dienststelle nur die Fäl-le in ihrem Revier, die Kripo bearbeitete nur die höherwerti-gen Taten und die Ermittlungsgruppe Tasche kümmerte sich eben nur um Taschendiebstahl. Wir hatten also fünf, sechs, sieben Stellen, die sich um straffällig gewordene Asylbewerber kümmerten. Nun wurde auf zehn Seiten festgelegt, dass es nach übereinstimmender Meinung der Arbeitsgruppe sinnvoll wäre, all diese Fälle zentral zu bearbeiten. Alles sollte also in einer Hand liegen – was ja letztlich auch einfach mehr Sinn macht. Denn durch die bisherige Arbeitsweise gingen immer auch unzählige Informationen verloren. Man wusste wegen der vielen unterschiedlichen Stellen einfach nicht, welcher Täter womöglich auch an anderer Stelle auffällig geworden war, und mit welchen Taten genau.

Natürlich konnten die Kollegen auch vorher schon in den Computern Nachforschungen anstellen. Nur bedeutet das eben meist, dass den Kollegen zwar etwas bewusst wurde – es bedeutete aber nicht, dass diese Kollegen dann auch gleich zum Telefon griffen und andere Dienststellen über ihr Wissen informierten. Es kam also nicht zwingend vor, dass da jemand sagte: »Ich habe hier etwas, das euch interessieren könnte.« Man fand im System zwar Daten, dass jemand zum Beispiel schon dreimal geklaut hatte, kümmerte sich aber vor allem um den einen eigenen Fall – wie etwa einen Taschendiebstahl.

Durch die Sonderkommission wurde das anders. Wir hatten nun einen Sachbearbeiter für einen Asylbewerber, der möglicherweise schon fünf Straftaten begangen hat. Was bedeutet, dass man Vorgänge besser zusammenfassen kann. Außerdem kann man sich vor diesem Hintergrund auch einzelne auffällige Täter herausgreifen, die schon zehnmal geklaut haben. Wir konnten auf diese Art letztlich auch eine Art Top-Ten-Liste zusammenstellen. Wenn etwa ein einzelner Täter in den letzten fünf Tagen schon zehnmal mit Diebstählen auffällig geworden war, konnten wir beschließen, dass wir genau diesen Täter observieren. Wir konnten uns also Lichtbilder dieser Person besorgen und sagen: Hinter dem fahren wir jetzt mal her. So fanden wir dann auch heraus, ob die Person nur für sich selbst klaut oder mit wem sie eventuell Kontakt hat.

Bekannt ist zum Beispiel inzwischen, dass gerade Asylbewerber aus dem kaukasischen Raum auch auf Bestellung klauen. Da kommt dann ein Anruf aus der Heimat an einen Mittelsmann in Deutschland, durch den ein Auftrag weitergegeben wird. Dabei handelt es sich um eine Form von organisierter Kriminalität. Wobei man sagen muss, dass es manchmal auch um eine zunächst einmal fast schon skurril wirkende Art von Aufträgen handelt. Da gibt es Einzelpersonen, die sich zum Beispiel auf Rasierklingen spezialisiert haben. Die gehen dann los und klauen 1000 oder 2000 Rasierklingen, die anschließend an den Auftraggeber verschickt werden. Dafür bekommen sie Geld, und im Kaukasus wird das Diebesgut gewinnbringend weiterverkauft.

Manche der Täter aus diesen Regionen werden einzig zur Durchführung solcher Straftaten nach Deutschland geschickt, in anderen Fällen suchen sich die Hintermänner gezielt Personen aus ihrer Heimat aus, die bereits in Deutschland leben.

Eine besondere Gruppe unter den Menschen, die nach Deutschland kommen, sind diejenigen, die meist schlicht mit umF abgekürzt werden – die drei Buchstaben stehen ausgeschrieben für Unbegleitete Minderjährige Flüchtlinge. Manchmal wird auch mit der Abkürzung MUFL gearbeitet, die im Grunde das gleiche bedeutet, auch wenn die Begriffe sich in anderer Reihenfolge zusammensetzen – in diesem Fall minderjährige unbegleitete Flüchtlinge. Letztlich geht es aber in beiden Versionen um Jugendliche, die sich ohne Eltern oder andere Verwandte auf den Weg nach Deutschland gemacht haben. Diese unbegleiteten Minderjährigen nehmen innerhalb der großen Zahl an Flüchtlingen aus gleich mehreren Gründen eine Sonderrolle ein. Zunächst einmal werden sie anders behandelt als Erwachsene oder Familien. Dazu zählt auch, dass man die Jugendlichen nicht abschiebt, vielmehr werden sie von Jugendämtern in Obhut genommen. In Braunschweig werden diese Jugendlichen nicht in der Landesaufnahmebehörde untergebracht, sie leben vielmehr in sogenannten Jugendschutzhäusern. Dort werden sie auch gesondert betreut, etwa von Psychologen und Sozialarbeitern, sie leben aber auch in diesen Unterkünften teils zu sechst auf einem Zimmer.

Bemerkenswert ist noch ein weiterer Fakt: Werden Flüchtlinge üblicherweise nach einem Schlüssel auf Regionen in Deutschland verteilt, bleiben die unbegleiteten Minderjährigen dort, wo sie sich zuerst melden oder wo sie zuerst aufgegriffen werden.

Weil diese Jugendlichen allein reisen, bewegen sie sich meist auch entlang der Hauptreiserouten und landen häufig am Ende in den Metropolen und Großstädten. Unter anderem auch aus dem Grund, weil sie dort hoffen auf Landsleute zu treffen. Ein großes Thema sind unbegleitete minderjährige Flüchtlinge daher vor allem in Städten wie München, Berlin oder Hamburg. Vor allem aber geht es bei ihnen auch darum, dass gerade diese jungen Menschen immer wieder durch kriminelle Aktivitäten auffällig werden.

Dahinter verbirgt sich unter anderem die Tatsache, dass die Jugendlichen etwa in Hamburg sehr lange in den Erstaufnahmeeinrichtungen warten müssen. Erst nach dieser Zeit werden sie intensiver betreut, vorher ist das kaum möglich, weil es in Städten wie Hamburg an Betreuern und auch Dolmetschern mangelt. Aus Hamburg hieß es im Jahr 2015 von Seiten der Sozialbehörde, dass man zwar wisse, dass ein Aufenthalt von bestenfalls vier bis fünf Monaten in den Erstversorgungseinrichtungen als optimal gelte. Im Schnitt aber verbrächten die

Jugendlichen dort acht bis neun Monate, bevor sie an anderer Stelle langfristig untergebracht und betreut werden könnten. Nach Angaben des Hamburger Landesbetriebs Erziehung und Beratung waren in den ersten Monaten des Jahres 2015 insgesamt 522 dieser unbegleiteten minderjährigen Flüchtlinge in Erstaufnahmeeinrichtungen der Hansestadt untergebracht, obwohl dort nur 390 reguläre Plätze für sie zur Verfügung standen. Insgesamt zählte man in der Stadt 1 900 dieser minderjährigen Flüchtlinge.

Das große Problem in diesem Zusammenhang besteht darin, dass sich die Zahl von Problemen häuft, wenn die Zahl dieser Jugendlichen wächst. So hat das Hamburger Landeskriminalamt laut Spiegel online schon 2014 in einem vertraulichen Dossier darauf hingewiesen, dass diese Klientel nicht nur aus nichtigstem Anlass sehr schnell sehr aggressiv wird, sondern eben auch Straftaten begeht. Dabei verwies man auf Taschen- und Ladendiebstähle ebenso wie auf das Knacken von Autos. Gegenüber staatlichen Institutionen wie der Polizei verhielten sich diese jungen Menschen außerdem sehr respektlos.

Dahinter wiederum verbergen sich viele unterschiedliche Tatsachen. Dass diese Jugendlichen alleine unterwegs sind, bedeutet natürlich auch, dass sie ohne die Gegenwart von Autoritäts- oder Respektspersonen wie den Eltern leben. Außerdem müssen auch wir als Polizei anerkennen, dass viele dieser Jugendlichen schon äußerst traumatisiert nach Deutschland kommen. Sie haben nicht nur eine oft Monate dauernde, beschwerliche und mitunter lebensgefährliche Flucht hinter sich, nicht wenige dienten zuvor außerdem als Kindersoldaten und mussten somit auch Kriegsgräuel hautnah miterleben. Und solche Traumata können am Ende zu aggressivem oder kriminellem Verhalten führen, wenn man diese Teenager nicht intensiv betreut und sich mit ihren Problemen beschäftigt.

Die Folge sind dann eben Straftaten aus diesem Personenkreis, und nicht immer bleibt es bei Raub oder Ladendiebstahl.

Eine Geschichte, die mir persönlich im Zusammenhang mit unbegleiteten Flüchtlingen einfällt, ist ein Mord, der in Salzgitter begangen worden ist.

Dort hatten Mitarbeiter der Stadtreinigung im September einen erschreckenden Fund gemacht: Am Rand eines Teiches im Stadtpark Salzgitters stießen sie auf die in Müllsäcke verpackte Leiche eines jungen Mannes. Die Obduktion ergab recht schnell, dass der Mann durch gewaltsame Verletzungen an Kopf und Hals gestorben war. Die Identität des Opfers stand allerdings zunächst noch gar nicht fest. Wir von der Soko wurden daraufhin von den Kollegen aus Salzgitter angesprochen und sollten herausfinden, ob der Mann aus Braunschweig kam. Wir haben also drei Teams aus jeweils zwei Beamten gebildet, und sind in eine Einrichtung gefahren, in der junge Flüchtlinge untergebracht waren. Zweck der Aktion: Wir wollten den umF in dieser Einrichtung ein Lichtbild des Opfers zeigen, und wir wollten sie fragen, ob der Mann ihnen bekannt ist.

Fast zeitgleich wurde ein Foto des Toten auch an die Medien mit der Bitte um Veröffentlichung gegeben. Zusammen mit weiteren Daten, die bis dahin bekannt waren: Der Tote sei zwischen 15 und 20 Jahre alt, 1,60 Meter groß und 42 Kilogramm schwer. Er habe kurze schwarze Haare und stamme wahrscheinlich aus dem nordafrikanischen beziehungsweise arabischen Raum. Bekleidet gewesen sei er mit einem grauen Muskelshirt, schwarzer Hose und schwarzen Socken eines bekannten Sportartikelherstellers. Außerdem habe er am Handgelenk ein Metall-Armband mit der Aufschrift »Black« getragen.

Die Befragung der Flüchtlinge sowie die Veröffentlichung der Angaben in den Medien führten bald dazu, dass wir das

Opfer tatsächlich identifizieren konnten, außerdem konnten wir auch den zuständigen Jugendbetreuer ausfindig machen. Interessant und auch erschreckend für uns war aber dabei abseits der Tat, dass wir nun wussten, wie ein großer Teil dieser jungen Menschen in solchen Einrichtungen auf engstem Raum untergebracht waren. Da wohnten insgesamt sicher 50 Jugendliche und teilweise mussten sich bis zu sechs Menschen ein einziges Zimmer teilen. Diese Jugendlichen leben dort ohne ihre Eltern und sie laufen natürlich auch durch die Innenstadt. Nicht zu zweit, sondern oft in großen Gruppen. Das ist auch ein Grund dafür, dass sich das Stadtbild bei uns doch merklich verändert hat, seit immer mehr Flüchtlinge nach Braunschweig gekommen sind.

Bei dem Mord stellte sich schließlich heraus, dass es sich aller Wahrscheinlichkeit nach um eine Tat unter Flüchtlingen handelte. Bei dem Opfer handelte es sich um einen 17-jährigen, der in Marokko geboren war. Kaum eine Woche nach dem Leichenfund erließ das Amtsgericht Braunschweig Haftbefehl gegen einen 19-Jährigen, der dringend der Tat verdächtig war. Die Beteiligten, also das Opfer und auch der Täter, waren schon zwei Jahre in Deutschland. Nach den bisherigen Ermittlungen handelte es sich bei dem Täter zudem um jene Person, mit der das Opfer damals hierher nach Deutschland gekommen war.

Hinzu kommt bei derartigen Fällen noch ein weiteres Problem: Viele dieser jungen Flüchtlinge haben keine Ausweise. Keine echten jedenfalls. In diesem Fall gab es Papiere, auf denen aber Fotos von Personen im Alter von unter 18 Jahren angebracht waren. Sagt so ein Flüchtling dann, dass er erst 17 Jahre alt ist, ist er für uns eben tatsächlich noch minderjährig. Natürlich gibt es für solche Fälle ein Personalfeststellungsverfahren – das dauert allerdings ein halbes Jahr und kostet einiges an Geld. Klar, dass das kaum durchgeführt wird vor dem Hintergrund der Hunderttausenden Flüchtlinge, die zu uns gekommen sind und noch kommen werden.

Aber noch einmal zurück zu den unbegleiteten minderjährigen Flüchtlingen im Allgemeinen: Dass innerhalb dieser Personengruppe ein Mord begangen wird, ist die absolute Ausnahme. Ebenso wie der Verdacht, dass die beiden zwei junge syrische Mädchen wie Sklavinnen hielten. Trotzdem sind diese Teenager eben in vielen Städten ein Problem, mit dem sich die Polizei immer wieder auseinandersetzen muss. So wurde etwa aus Bremen bekannt, dass sich dort die Zahl der Delikte aus dieser Personengruppe zwischen dem Sommer und dem Beginn des Winters 2015 verdoppelt hat. 45 Diebstähle und 15 Raube gehen dort wöchentlich auf ihr Konto, heißt es. Rund 30 der minderjährigen Flüchtlinge in der Stadt gelten als Intensivtäter, die immer wieder auffällig werden. Außerdem würden die jungen Täter nach Angaben der örtlichen Polizei inzwischen aggressiver, sodass immer häufiger die Taten auch mit Gewaltanwendung verbunden sind. Dazu ist aber auch zu sagen, dass es sich bei den umF um eine sehr kleine Gruppe handelt – die Polizei in Bremen etwa geht von nicht mehr als 50 Personen aus.

Zur Lösung des Problems der Straftaten durch unbegleitete minderjährige Flüchtlinge gibt es eine Reihe höchst unterschiedlicher Vorschläge. So hat der Bremer Bürgermeister Anfang 2015 gesagt, dass er eine geschlossene Unterbringung der Jugendlichen ermöglichen will. Der Bundesfachverband Unbegleitete Minderjährige Flüchtlinge in Berlin vertritt dagegen eine völlig andere Meinung und sagt, dass das Wegsperren der Teenager keine Lösung sein kann. Stattdessen seien Konzepte zu entwickeln, mit denen man auch tatsächlich an diese Jugendlichen herankommt. Denn bei denen greifen herkömmliche Methoden häufig nicht, da sie einen völlig anderen Hintergrund haben, als es bei Jugendlichen aus Deutschland der Fall ist. So ein Vorgehen wäre laut dem Bundesverband langfristig sehr viel erfolgversprechender, als es durch das bloße Wegsperren der Fall ist.

Der Alltag in Kralenriede

Ich habe bereits erwähnt, dass es bei der Gründung der Sonderkommission auch darum ging, die Ängste und Sorgen in der Bevölkerung ernst zu nehmen. Dazu ist auch zu sagen, dass es bei diesen Ängsten und Sorgen gar nicht einmal allein um die reale Kriminalität geht. Vielmehr hat sich durch die große Zahl an Flüchtlingen der Alltag in vielen Städten oder vielmehr Stadtteilen in Deutschland verändert. Das ist in nahezu allen Bundesländern so, und wie sich diese Veränderung ausdrückt, dafür ist der Braunschweiger Stadtteil Kralenriede ein Beispiel – das sich auf viele andere Orte übertragen lässt. Diese Veränderung drückt sich zunächst natürlich darin aus, dass nun sehr viele Menschen unterschiedlicher Nationalitäten und Hautfarben die Straßen bevölkern. Was wiederum sehr unterschiedliche Reaktionen hervorruft.

Wer Kralenriede nicht kennt, muss sich einfach nur ein Viertel mit gepflegten Einfamilienhäusern und ebenso gepflegten Vorgärten vorstellen. Alles war hier immer sehr ruhig. Man war mehr oder weniger unter sich. Doch durch die Flüchtlingswelle hat sich vieles verändert. Von der Landesaufnahmestelle führt im Grunde nur ein Weg durch das Viertel hin zu den Supermärkten und Discountern. Das ist der Steinriedendamm, und auf dem bewegen sich auch die Flüchtlinge. Wo früher ältere Damen oder Hausfrauen mit ihren Kindern auf den Bus warteten, warten nun auch junge Männer aus Afrika oder Familien aus Syrien auf eben diesen Bus. Und ging man bisher einfach zum Einkaufen in den Supermarkt, vertreiben sich dort ebenfalls Flüchtlinge ihre Zeit auf dem Parkplatz – nicht immer alle nüchtern.

Das Viertel und damit der Alltag der Menschen hat sich also verändert. Und diese Veränderung hat auch zu Ängsten geführt – nicht zuletzt, weil es zeitweise auch zu mehr Kriminalität gekommen war. Aber es ist eben nicht nur die Kriminalität, es sind vielmehr zahllose Kleinigkeiten, die die Anwohner beschäftigen und beunruhigen. Da gibt es zum Beispiel Mütter, die davon erzählen, sie würden ihre Kinder nur noch mit dem eigenen Auto in die Schule bringen. Nicht aus Angst vor den Fremden, sondern aus dem einfachen Grund, dass durch die große Zahl an Flüchtlingen die Busse zu bestimmten Zeiten einfach überfüllt sind und man die Kinder nicht dem Gedränge aussetzen will. Andere erzählen davon, dass sich in bestimmten Bereichen der Müll sammelt, der vor allem von Flüchtlingen stammen soll. Wieder andere beschweren sich, dass junge Männer achtlos in Vorgärten urinieren. Und manchmal wundern sich Menschen, dass plötzlich jemand durchs Fenster lugt, wenn drinnen die Familie beim Fußballspiel im TV mitfiebert. Ich will all diese Verhaltensweisen überhaupt nicht entschuldigen. Sie sind in unserer Gesellschaft ein No-Go. Aber auch das müssen wir vermitteln und wenn notwendig mit Sanktionen durchsetzen.

Viele der Bewohner registrieren wiederum den veränderten Alltag, sie verstehen aber auch die Ursachen, und sie verstehen, warum so viele der Flüchtlinge durch die Straßen laufen oder sich auf den Parkplätzen vor den Geschäften niederlassen. Weil sie nämlich auch die Tragik des Alltags dieser Flüchtlinge nachvollziehen können. Viele sagen sogar, dass sie das Leben der Flüchtlinge in der Aufnahmestelle für menschenunwürdig halten. Weil es dort weder Rückzugsmöglichkeiten gibt noch etwas, das auch nur entfernt an Privatsphäre erinnert. Die Flüchtlinge leben auf engstem Raum, sie leben mit einer ständigen Geräuschkulisse, da jeder Laut durch die Wände der Zelte dringt. Es ist den Bewohnern also durchaus bewusst, dass der Weg durch die Straßen für viele Flüchtlinge nichts anderes als einen Ausweg aus der ständigen Enge und dem Lärm darstellt. Es gibt durchaus Einheimische, die sich in diese Lage hineinzuversetzen versuchen und die sagen, dass ihnen die Enge der Unterkunft selber auch zusetzen würde und dass sie sich irgendwann auch sagen würden, ich muss raus hier. Und die einzige Möglichkeit, davor zu fliehen, weil einem irgendwann schlicht die Decke auf den Kopf fällt, ist nun mal der Weg in die Stadt beziehungsweise der Weg über die Straße zu den Einkaufmöglichkeiten der Gegend, wo man zumindest für kurze Zeit einmal so etwas wie Normalität spüren kann.

Dieser Weg ist im Grunde die einzige Verbindung zu dem Leben, das diese Flüchtlinge sich selbst hier ebenfalls wünschen und erhoffen. Angestellte der Geschäfte berichten, dass mancher Flüchtling sich recht lange in den Geschäften aufhält – nicht weil er etwas klauen will, die Menschen laufen dort schlicht herum, weil sie sich dort unter Einheimischen und Anwohnern bewegen. Natürlich aber kommt es immer wieder auch zu kleineren Vorfällen, die unter der angestammten Bevölkerung für Unmut sorgen. Da wird erzählt, dass man immer mal wieder in den Regalen auf aufgerissene Verpackungen stößt. Und dann wird immer wieder über das Gerücht getuschelt, ein Discounter müsse das Geschäft schließen, da so viel geklaut werde. Was natürlich Unsinn ist. Dass seit Beginn des Jahres drei Sicherheitsmänner in dem Laden ihre Arbeit tun, gibt den Menschen einerseits ein zusätzliches Gefühl von Sicherheit, es führt aber auch zu Fragen, warum das notwendig ist. Hintergrund war natürlich zu Beginn ein Anstieg von Ladendiebstählen, dieses allerdings hat man nach Aussagen des Betreibers mittlerweile im Griff. Zudem sind die Sicherheitskräfte inzwischen nicht mehr nur der Sicherheit wegen dort aktiv, einige von ihnen beherrschen vielmehr auch mehrere Sprachen und sie unterstützen so die Flüchtlinge bei ihrer

Suche nach bestimmten Waren, da diese oft gar nicht wissen und wissen können, was die Aufschriften auf den Verpackungen bedeuten.

Und wenn wir vom Alltag in Kralenriede sprechen, reden wir immer wieder auch von weiteren eigentlich marginalen Vorgängen, die Anwohner verstören oder einfach nur wundern. So ist es für uns in Deutschland vollkommen unüblich, dass Menschen sich einfach am Straßenrand auf den Boden setzen. In vielen anderen Ländern dagegen ist das durchaus üblich, auch in der Heimat manchen Flüchtlings. Und so setzen sich auch in Kralenriede Menschen hin, unterhalten sich oder telefonieren mit dem Handy, was wiederum die einheimische Bevölkerung verstört, obwohl dieses Handeln weder mit einer wie auch immer gearteten Gefahr noch gar mit Kriminalität verbunden ist.

Wegen aller Unsicherheiten und zudem wegen der tatsächlichen Vorfälle wie Einbrüchen gehört inzwischen ebenfalls das Info-Mobil der Polizei zum Alltag in Kralenriede. Weil wir eben nicht nur die Kriminalität bekämpfen, sondern weil die Polizei auch die Bürger informieren und unterstützen will. Am Info-Mobil geben Kollegen den Menschen daher Hinweise, wie sie sich etwa vor Einbrüchen schützen können. Die Kollegen vor Ort berichten aber auch, dass Frauen sich an dem Stand darüber beklagen, dass sie von Flüchtlingen belästigt oder angemacht werden. Was natürlich auch mit der Angst vor tatsächlichen sexuellen Übergriffen verbunden ist, und diese Angst zählt ebenfalls zum Alltag in der Umgebung einer solchen Aufnahmeeinrichtung wie der Landesaufnahmestelle. Diese Angst ist vorhanden, aber die Kollegen sagen den besorgten Menschen auch immer wieder, dass sie nicht durch reale Vorfälle begründet ist. Denn wirkliche Übergriffe waren und sind glücklicherweise die absolute Ausnahme. Was tatsächlich vorkommt, das ist ein Verhalten gegenüber Frauen, das nicht mit dem konform geht, was wir uns als üblich vorstellen. Wenn etwa ein Flüchtling an einer Bushaltestelle steht, und zu einer ebenfalls wartenden Dame »Ficki, ficki« sagt oder ihr scherzhaft einen Heiratsantrag macht. Das ist für die Frauen nicht immer angenehm, und wir versuchen, etwas gegen derart ungebührliches Verhalten zu tun. Nur ist es eben keine Straftat, sondern nur ein weiteres Puzzlestück in dem sich verändernden Alltag.

Diesen Alltag erleben einige Menschen aber auch vollkommen anders. Denn es gibt nicht nur Beschwerden oder Ängste, es gibt durchaus Menschen, die sich darüber freuen, dass der Alltag sich durch Flüchtlinge ändert. Das sind Menschen, die sich über neue Kontaktmöglichkeiten freuen, und es sind Menschen, die erleben, dass Flüchtlinge einfach nur Menschen sind. Viele der Flüchtlinge zeigen sich ausgesprochen höflich, andere machen sehr wohl auch deutlich, wie glücklich sie sind, nach ihrer langen Flucht am Ziel Deutschland angekommen zu sein. Natürlich gibt es immer auch die Sprachbarriere, nicht jeder Deutsche und auch längst nicht jeder Flüchtling spricht schließlich Englisch. Sodass engere Kontakte zwischen beiden Seiten zumindest vorerst sicher die Ausnahme bleiben.

Der Alltag ist also immer wieder von einer Mischung aus Annäherung und Rückzug geprägt. Mal finden sich die Anwohner mit der Situation ganz gut ab, dann aber kursieren wieder Geschichten, dass es in der Landesaufnahmestelle erneut zu Schlägereien oder ähnlichen Auseinandersetzungen gekommen ist. Doch inzwischen wird längst nicht mehr darüber nur der Kopf geschüttelt oder nach mehr Sicherheit gerufen. Festzustellen ist auch, dass die Menschen die Lage in der Landesaufnahmestelle durchaus neutral einzuschätzen wissen. Da sagen dann Anwohner, dass es nur natürlich sei, dass es irgendwann einmal knallen muss, wenn man ein eigentlich für 500 bis 700 Menschen gedachtes Areal nun mit mehr als 3 000 Menschen befüllt.

Im Oktober 2015 fand ein sogenannter Stadtteilabend statt, in dessen Rahmen Behörden und Institutionen über die aktuelle Lage informierten und die Bürger ihnen wiederum Fragen stellen oder über Erlebtes berichten konnten. Während dieses Abends gab es immer dann besonders viel Applaus, wenn Menschen von positiven Erlebnissen mit Flüchtlingen berichteten – sei es an der Bushaltestelle oder im Supermarkt. Eine ältere Dame etwa erzählte während der Veranstaltung, dass ihr an der Haltestelle immer ein Platz angeboten wird, wenn alles besetzt ist. Sie sagte außerdem etwas, das anderen als Beispiel dienen kann, wenn es um den Umgang mit dem veränderten Alltag geht: Sie berichtete davon, dass es – entsprechende Sprachkenntnisse vorausgesetzt – sehr interessant und auch inspirierend sein kann, mit Flüchtlingen ins Gespräch zu kommen, sie etwa von ihrer Heimat erzählen zu lassen und wie es dort war, bevor sie wegen Krieg oder anderen Umständen die Flucht in ein fremdes Land ergreifen mussten.

Applaus gab es aber in ähnlicher Stärke immer auch dann, wenn von der anderen Seite des Alltags erzählt wurde. Dabei ging es etwa um das Klagen über Müll auf den Straßen oder über Gruppen fremdländischer Männer, die nächtens durch die Straßen ziehen und manchmal eben auch einfach mal in Vorgärten urinieren.

All diese Faktoren zusammen aber haben dazu geführt, dass die Stadt selber ihren Teil dazu beiträgt, den Alltag vor Ort zu beeinflussen – und zwar zum Positiven. So ging es bei der Veranstaltung auch darum, dass man die Straßenlaternen nun nachts noch leuchten lässt, um den Menschen etwas von ihrer Angst zu nehmen. Hinzu kämen weitere Veränderungen wie die häufigere Reinigung der öffentlichen Flächen, das tägliche Leeren von Papierkörben oder auch zusätzlich eingesetzte Busse, um dem Andrang der Menschen Herr zu werden.

Wenn es um den Alltag geht, geht es auch um Polizeieinsätze. So ist es durchaus der Fall, dass wir als Polizei in dem Stadtteil mehr Präsenz zeigen. Und es ist auch so, dass häufiger Streifenwagen zur Landesaufnahmestelle gerufen werden, weil es dort Streitigkeiten oder Ähnliches zu schlichten gilt. Diese Häufigkeit von Einsätzen wird natürlich ebenfalls von den Anwohnern registriert und führt ebenfalls zu neuen Gerüchten. Wir müssen den Menschen dann erklären, dass es sich bei diesen Einsätzen fast ausnahmslos um Einsätze innerhalb der Landesaufnahmebehörde handelt und dass inzwischen nicht oder nicht mehr eine höhere Kriminalität im Stadtteil selbst den Hintergrund bildet. Dort ist es nämlich allen Veränderungen im Alltag zum Trotz wieder sehr ruhig geworden. Denn die Alarme in Kralenriede selbst waren sehr häufig Fehlalarme, deren Auslöser Unsicherheiten und schwer zu definierende Ängste waren. Ein Beispiel dafür ist ein Tag, an dem Anwohner darüber beunruhigt waren, dass einige Flüchtlinge sich an der Tür eines Supermarktes zu schaffen machten beziehungsweise an der Tür rüttelten. Der Grund dafür war ein einfacher: Der Markt hatte seine Öffnungszeiten verändert, genauer gesagt hatte er sie verkürzt. Nur konnten die Flüchtlinge die in diesem Zusammenhang veröffentlichten Informationen oder Aushänge eben nicht lesen. Sie verstanden also nicht, warum das Geschäft plötzlich zu einer Uhrzeit geschlossen war, zu der man den Markt kurz zuvor noch betreten konnte.

All das sind letztlich nur kleine Geschichten, die aber zu einer großen Geschichte gehören. Diese Geschichte erzählt davon, dass die Polizei in Zusammenhang mit der Flüchtlingswelle auf unterschiedlichsten Feldern aktiv sein muss und ist.

Sicher haben wir als Kriminalpolizei vor Ort weniger mit den Bürgern zu tun als es bei anderen Dienststellen der Fall ist. Trotzdem aber dient auch die Sonderkommission mit dazu, dass die Bürger vor Ort vielfach unberechtigte Ängste abbauen und sich mit den neuen Bewohnern ihrer Stadtteile arrangieren. Und das ist nicht nur in Braunschweig ein nicht zu unterschätzender Faktor, sondern auch an den vielen anderen Orten im Land, wo die Menschen nun mit einer großen Zahl anfangs Fremder zu tun haben.

Die Entwicklung der Soko und ihre Klientel

Kriminalhauptkommissar Torsten Heuer, Leiter der Soko

Ich konnte mir die Kollegen von den Fachhauptkommissariaten für unsere Soko aussuchen. Im Grunde hat mein Chef mich gefragt, welche Leute ich denn haben will. Einen vom Betrug, einen vom Staatsschutz, einen aus dem Bereich Betäubungsmittel. Auch aus dem Bereich Raub und Taschendiebstahl sind Kollegen dabei. Hintergrund ist, dass wir als Soko ja alle Straftaten bekämpfen, und wir so aus jedem Bereich einen Fachmann in der Sonderkommission haben. Um es klar zu sagen: Es geht bei dem, was wir tun, von Diebstahl über Raub bis hin zu Taten wie Vergewaltigungen. Auch Körperverletzungen und Brandstiftungen waren schon Thema. Geht es nun um die Frage, welche Art von Straftaten uns am meisten beschäftigen, dann gibt es eine klare Reihenfolge: Ganz vorne stehen Ladendiebstahl und Körperverletzungen. Wobei zu den Körperverletzungen zu sagen ist, dass es sich dabei nur in Ausnahmen um Auseinandersetzungen zwischen Flüchtlingen und Einheimischen handelt. Zum überwiegenden beziehungsweise fast ausschließlichen Teil handelt es sich um Auseinandersetzungen zwischen Flüchtlingen. Die finden dann außerdem meist innerhalb der Landesaufnahmebehörde oder in deren direktem Umfeld statt. Auslöser für diese Streitigkeiten ist sehr oft ein Umstand, der auch unter Deutschen immer wieder zu Schlägereien führt: Die Beteiligten sind betrunken. Tatsächlich ist es so, dass abseits der Unterkünfte sehr viel Alkohol getrunken wird – drinnen ist es verboten, da herrscht striktes Alkoholverbot. Gerade die Flüchtlinge aus dem nordafrikanischen Raum sind berüchtigt dafür, dass sie vor den Geschäften in der Nähe sehr viel

Alkohol trinken. Was natürlich auch mit der Langeweile des Flüchtlingsdaseins zu tun hat. Da sitzen Tausende Menschen untätig in den Unterkünften. Irgendwann machen sie sich dann auf den Weg zu den nahe liegenden Discountern, kaufen sich Alkohol und sind nach kurzer Zeit betrunken. Und zwar häufig nach sehr kurzer Zeit. Ob das nun damit zusammenhängt, dass sie in ihrer Heimat Alkohol nicht gewohnt sind, oder ob sie schlicht und einfach nichts vertragen, das wissen wir nicht.

Dazu kommt dann noch ein weiteres Problem im typischen Umgang mit Flüchtlingen bei uns. Ich frage mich immer wieder, wie man auf die Idee kommen kann, verfeindete ethnische Gruppen gemeinsam in einem Zelt oder auch einem Haus unterzubringen – so etwas geht eigentlich nicht. Wenn man weiß, dass beispielsweise Land A und Land B zerstritten sind, oder sogar schon Kriege gegeneinander geführt haben, dann ist es fast unausweichlich, dass es zwischen den Bürgern des einen und des anderen Landes irgendwann Stress gibt. Erschwert wird das Problem inzwischen noch dadurch, dass die Unterbringungsmöglichkeiten alle bis zum Rand gefüllt sind, sodass man Einzelne gar nicht mehr neu verteilen oder innerhalb einer Einrichtung umsiedeln kann. Wenn also beispielsweise jetzt noch ein Flüchtling in eine Aufnahmestelle kommt, dann geht es kaum darum, wo er am besten unterzubringen ist und mit wem er vermutlich am besten auskommt. Ist in einem Zelt ein Platz frei, dann wird er dort einquartiert, egal welcher Nationalität er ist, und egal welcher Nationalität seine künftigen Mitbewohner sind. Die Situation lässt sich im Grunde mit rivalisierenden Fußballvereinen vergleichen: Steckt man Fans zweier derartiger Clubs gemeinsam in ein Zelt, dann werden die sich nach einer Weile ebenfalls auf den Kopf hauen.

Ich möchte hier auch nicht zu sehr auf einzelne Nationalitäten oder Volksgruppen eingehen. Aber wenn in der Öffentlichkeit von Flüchtlingen aus Afrika gesprochen wird, sollten die Menschen immer auch berücksichtigen, dass Afrika keine Einheit ist, sondern dass es durchaus traditionelle und gewachsene Animositäten gibt. Reden wir von Marokko, Algerien und Tunesien, dann reden wir auch von Problemen zwischen den Völkern.

Auf der anderen Seite bereitet eine Gruppe an Flüchtlingen kaum Probleme: und zwar die Syrer. Daher ist es für mich auch unverständlich, was die Politik teilweise vorhat beziehungsweise ankündigt – unter anderem dass nun gerade die Syrer ihre Familien nicht nachholen dürfen.

Aber zurück zum Thema Afrika. Flüchtlinge aus Marokko oder Tunesien können nicht so einfach abgeschoben und zurück in ihre Heimatländer geschickt werden, das geht nicht. Die Rechtslage ist so, dass wir keinen Algerier oder Marokkaner zurückbringen dürfen. Denn grundsätzlich müssen die Botschaften immer erst Passersatzpapiere schicken, und sie müssen damit auch bestätigen, dass es sich um einen Landsmann handelt, der dort tatsächlich herstammt. Ist das der Fall, können die betreffenden Personen auch in ihre Heimatländer zurückgeschickt werden. Nur machen genau das eben Länder wie Algerien oder Marokko nicht.

Die Balkanländer wie Albanien oder der Kosovo schicken die besagten Passersatzpapiere und ermöglichen so das Zurückschicken der Flüchtlinge dieser Nationalitäten.

Noch etwas muss gesagt werden: Wir als Soko kommen ja nicht in Kontakt mit allen Flüchtlingen, sondern eben vor allem mit denen, die hier straffällig werden. Ich habe es also selten etwa mit geflüchteten Bankern oder Rechtsanwälten zu tun, die bei uns einzig eine neue Heimat und eine sichere

Zukunft suchen. Unser Klientel sind vor allem die häufig allein reisenden jungen Männer im Alter bis zu etwa 25 Jahren. Die meisten Flüchtlinge dieser Gruppe wiederum stammen aus dem nordafrikanischen Raum, aus Marokko oder Algerien. Das sind diejenigen, die uns Schwierigkeiten bereiten. Und zwar in allen Bereichen.

Hinzu kommen die Personen, die aus dem kaukasischen Raum nach Deutschland gelangen. Wir haben zwar bis jetzt keinerlei Hinweise darauf, dass sich Kriminelle innerhalb der Aufnahmeeinrichtung zusammentun, wir haben aber sehr wohl Hinweise darauf, dass gerade Flüchtlinge aus dem Kaukasus von Landsleuten mit dem Auto nach Deutschland gebracht werden – und zwar mit dem klaren Auftrag, hier zu klauen.

Politiker, die Sorgen der Bürger und eine Talkshow

Eine wichtige Frage im Zusammenhang mit Flüchtlingen ist die, ob die Politik die Sorgen und Ängste der Bürger ernst nehmen. Besonders die Sorgen, dass etwa in eher kleinen Gemeinden Flüchtlinge in Größenordnungen untergebracht werden, die den Bewohnern allein schon wegen der großen Anzahl Angst machen. Im Dezember 2015 war ich Gast in einer Talkshow von Anne Will, die sich mit genau diesem Themenkomplex beschäftigte. Als Moderatorin Will mir die Frage stellte, ob diese Sorgen meiner Meinung nach ernst genommen werden, habe ich erst einmal klargestellt, dass sich diese Frage zwar an mich richtete, damit aber auch an eine Person mit unterschiedlichen Funktionen. An den Kripo-Chef der Stadt Braunschweig auf der einen und den stellvertretenden Vorsitzenden des Bundes Deutscher Kriminalbeamten auf der anderen Seite. Außerdem habe ich erklärt, dass ich bei diesem Thema etwas vorsichtig sein muss, weil es sich um ein politisches Thema handelt, und damit eben um kein Polizeithema. Trotzdem habe ich mich zu dem Thema geäußert. Ich habe so in etwa wörtlich gesagt: Na, mein Innenminister wird nicht begeistert sein, dass sich einer seiner leitenden Beamten kritisch zur Flüchtlingsfrage und dem Umgang damit äußert. Aber, so sagte ich dann auch, es mir egal, sie solle meine Äußerung einfach mal als stellvertretender Bundesvorsitzender des Bundes Deutscher Kriminalbeamter annehmen.

Einige finden das mutig. Nein, das ist es nicht. Ich habe nichts Falsches gesagt und folge grundsätzlich schon lange nicht mehr unreflektiert jeder Vorgabe. Denn wie wir jetzt in Köln gesehen haben, kann genau das klassisch in die Hose gehen. Und auch hier haben es die Kolleginnen und Kollegen vor Ort mit Kopf und Kragen austragen müssen. Auch beobachte ich zunehmend diesen ministeriellen Einfluss auf die Probleme der Straße. Da werden angeforderte Hundertschaften einfach eingekürzt oder gar nicht genehmigt. Da werden Einsatzpläne kommentiert und faktisch zerrissen. Ich sage Ihnen, als Polizeiführer vor Ort bekommt man dann Pickel, da wir für die Sicherheit unserer Kolleginnen und Kollegen sowie der Bevölkerung verantwortlich sind.

Unsere Kolleginnen und Kollegen auf der Straße haben dies mittlerweile sehr wohl verstanden und nehmen uns, insgesamt die »vorderste Reihe«, nicht mehr wirklich ernst. Das weiß ich aus vielen Gesprächen aufgrund meiner Verbandsarbeit und das gilt von Flensburg bis Berchtesgaden. Aber ich schweife ab.

Ein Gesprächsthema in der Talkshow waren Bürgerinitiativen, die sich gegen die Unterbringung großer Flüchtlingszahlen in vergleichsweise kleinen und mäßig bevölkerten Stadtteilen aussprachen – ohne dabei jedoch auch nur ansatzweise rechtes Gedankengut zu verbreiten. Diese Menschen hatten einfach Angst, ob ihr Stadtteil solche Vorhaben überhaupt bewältigen und gleichzeitig auch Flüchtlinge dauerhaft integrieren kann.

Nun ist die Situation in unserer Stadt eine andere gewesen. Wir haben bei uns seit mehr als einem Jahrzehnt die schon mehrfach erwähnte Landesaufnahmestelle. Die ist in einer ehemaligen Bundeswehrkaserne untergebracht, und sie ist grundsätzlich ausgestattet für eine Aufnahme von 400 bis maximal 700 Menschen. Zu Beginn des Jahres 2015 explodierten dann aber die Zahlen regelrecht und wir hatten phasenweise 3 500 oder sogar bis zu 4 000 Menschen in dieser Einrichtung unterbringen müssen.

Zu diesem Zeitpunkt allerdings war Braunschweig selbst noch keine aufnehmende Stadt. Die Flüchtlinge blieben also nicht dauerhaft dort, sie wurden vielmehr von der LAB auf andere Standorte im Land verteilt. Das hat sich inzwischen geändert, denn auch Braunschweig wird künftig Flüchtlinge dauerhaft aufnehmen, aber dazu später mehr. Damals jedoch haben wir wie bereits geschildert feststellen müssen, dass ein Stadtteil nahe der LAB vollkommen in Unordnung geraten war. Die Zahl der Straftaten war wie gesagt rapide angestiegen und vor allem hatten wir es mit diversen unterschiedlichen Delikten zu tun. Gerade in Kralenriede hatte es zahlreiche Einbrüche gegeben, in der Innenstadt dagegen war es zu einer bemerkenswerten Zahl von Ladendiebstählen mit hochpreisiger Beute gekommen. Das hat dann bei uns zu der Überlegung geführt, dass all das keine normale Entwicklung darstellt, sondern dass sich dahinter etwas anderes verbirgt. Das Thema Flüchtlinge stand in dem Zusammenhang auch im Raum, und ich persönlich befürchtete, dass die Bevölkerung durch die steigende Zahl der Delikte und auch die steigende Zahl der Flüchtlinge in der Stadt irgendwann auf die Barrikaden gehen würde. Also haben wir besagte Sonderkommission gegründet. Gleichzeitig sind wir offensiv an die Bevölkerung herangetreten und haben bestätigt, dass es tatsächlich ein Problem gibt und dass wir gegen dieses Problem sehr deutlich und massiv vorgehen werden. Und wenn ich sage, dass die Landesaufnahmestelle mit 3 000 bis 4 000 Menschen belegt war, dann muss ich dazu auch in Erinnerung rufen, dass diese Menschen nur einige Wochen bei uns blieben, bevor sie weiterverteilt wurden. Insgesamt waren es allein im Jahr 2015 rund 40 000 Menschen, die auf diesem Weg durch die Stadt geschleust wurden.

Von all diesen Menschen betätigte sich nur ein sehr kleiner Teil kriminell, unsere Sorge aber war die, dass gerade dieser kleine Teil von gewissen politischen Strömungen dazu genutzt werden könnte, mit ihnen Stimmung gegen alle Flüchtlinge zu machen. Dazu muss man auch wissen, dass wir in Braunschweig einen Ableger der rechtspopulistischen Bewegung Pegida aus Dresden haben, der sich Bragida nennt und jeden Montag durch die Innenstadt marschiert.

Zurückkommend zu der Frage, ob die Politik die Befürchtungen der Bürger ernst nimmt, muss ich sagen, dass nicht nur die Bürger, sondern auch wir als Polizei zunächst nicht ernst genommen wurden. Die Polizei ist von der Entwicklung der vergangenen Monate genauso überrollt worden wie die Menschen in diesem Land. Wir als Bund Deutscher Kriminalbeamten hätten uns sehr wohl gewünscht, dass man schon früher einmal mit uns gesprochen hätte. Man hätte mit uns über die Situation sprechen sollen und dabei auch die Frage klären müssen, was all das polizeilich bedeutet. Geschehen ist das allerdings erst recht spät – in einem Bundesland vielleicht etwas früher, in einem anderen wiederum etwas später. Wir in Braunschweig haben es vergleichsweise früh getan und wir haben uns auch mit den Kommunalpolitikern zusammengesetzt. Inzwischen hat das dazu geführt, dass man weiterdenkt und begangene Fehler künftig zu vermeiden sucht. Einer dieser Fehler ist eben der, dass eine große Zahl an Flüchtlingen an einem zentralen Ort untergebracht wird – was eben zu Problemen führen kann und nicht zuletzt die Bewohner in den benachbarten Stadtteilen verängstigt beziehungsweise in Sorge versetzt.

Um das zu vermeiden, wurde bei uns inzwischen beschlossen, Flüchtlinge in der Stadt künftig in insgesamt 16 dezentralen und vor allem auch von der Kapazität her begrenzten

Einrichtungen unterzubringen. Diese Einrichtungen finden sich in verschiedenen Stadtteilen und sollen am Ende helfen, die Menschen in das Stadtbild zu integrieren – und ihnen vor allem die Möglichkeit zu geben, dass sie sich wirklich integrieren können. Jede dieser Wohneinheiten soll zudem mit einem Sozialarbeiter und auch einem Hausmeister besetzt werden.

Denn wenn es um die Ängste der Menschen geht, geht es immer auch um die Frage, wie wir ihnen diese Ängste nehmen können. Ein Mittel besteht sicher darin, dass wir die Bewohner nicht einfach mit einer großen Masse von Fremden konfrontieren, sondern dass wir die Ängste berücksichtigen, unter anderem in der Form, dass wir derartige Befürchtungen erst einmal respektieren und unser Handeln daran ausrichten. Denn letztlich geht es immer um zwei Dinge: Die Menschen müssen ihre Ängste verlieren, und die Politiker müssen sie auf diesem Weg unterstützen.

In der Vergangenheit habe ich mit großer Sorge verfolgt, dass die sogenannte Flüchtlingskriminalität immer wieder auch für parteipolitisches Ansinnen missbraucht worden ist. Ich kann beweisen, dass es diese Kriminalität zwar gibt, dass es dabei aber keine Auffälligkeiten und schon gar nicht jene Taten gibt, die als Gerüchte immer wieder verbreitet werden. Wir hatten weder Massenvergewaltigungen noch hat es massenweise Einbrüche gegeben. Ja, wir haben Einbrüche gehabt, das will ich gar nicht bestreiten, und habe es ja auch bereits erwähnt. Gegen die sind wir jedoch konsequent vorgegangen.

Nur hätte ich mir gewünscht, dass die Polizei in ganz Deutschland frühzeitiger auf dieses Phänomen eingestellt worden wäre. Nun hinken wir in gewissem Maße mächtig hinterher – in manchen Bundesländern mehr, in manchen weniger. Ein Stichwort in diesem Zusammenhang ist auch die

Registrierung, beziehungsweise die lange Zeit der Vernachlässigung derselben. Das hat nämlich dazu geführt, dass wir teilweise gar nicht mehr wussten und auch nicht wissen, mit wem wir es eigentlich zu tun haben. Das wiederum führt zu großem Frust bei der Polizei insgesamt und natürlich bei den einzelnen Kollegen.

Silvester 2015 in Köln: Chronologie eines Skandals

31. Dezember 2015
21.00 Uhr: Schon weit vor Mitternacht halten sich nach Polizeiangaben bis zu 500 Menschen im Bereich des Bahnhofsvorplatzes und der sogenannten Domtreppe auf, viele von ihnen betrunken.
23.00 Uhr: Mittlerweile ist die Zahl der Personen auf 1000 gestiegen. Wie die Polizei später berichtet, handelt es sich bei den Personen auf dem Bahnhofsvorplatz ausschließlich um junge Männer.
23.30 Uhr: Die Polizei räumt das Areal aus Sicherheitsgründen. Viele der jungen Männer seien enthemmt und außerdem völlig unbeeindruckt vom Einschreiten der Polizei gewesen.

1. Januar 2016
0.45 Uhr: Der Zugang zum Bahnhof wird wieder freigegeben, die Lage habe sich beruhigt. Erste Strafanzeigen werden gestellt, durchweg von Frauen. Es geht um Handydiebstähle und sexuelle Belästigungen.
9.00 Uhr: In einer vermutlich zumindest in Teilen vorgefertigten Pressemitteilung spricht die Polizei von einer

ruhigen Silvesternacht und erwähnt die Vorfälle nicht einmal.

2. Januar 2016
17.00 Uhr: Erstmals berichtet die Polizei von den Ereignissen und Übergriffen. Eine Ermittlungsgruppe sei eingerichtet worden, 30 Personen hätten mittlerweile Anzeige erstattet. Zwei Männer wurden in Untersuchungshaft genommen.

4. Januar 2016
In einer Pressekonferenz erklärt die Polizei, dass es sich bei den Tätern der Nacht vermutlich um Menschen aus dem nordafrikanischen und arabischen Raum handele – das hätten Aussagen von Zeugen ergeben. Die Zahl der Anzeigen ist inzwischen auf 60 gestiegen.

6. Januar 2016
Ein interner Bericht der Polizei gelangt an die Öffentlichkeit. Er beschreibt das tatsächliche Chaos der Silvesternacht. Inzwischen wird auch bekannt, dass es in Städten wie Hamburg zu ähnlichen Vorfällen gekommen ist.

7. Januar 2016
Die Polizei spricht von 16 Tatverdächtigen, die Zahl der Anzeigen steigt auf 121.

8. Januar 2016
Kölns Polizeipräsident Wolfgang Albers wird in den einstweiligen Ruhestand versetzt. Ihm wurde unter an-

derem vorgeworfen, die Öffentlichkeit nicht früh genug über die Vorfälle informiert zu haben.

9. Januar 2016
Mittlerweile liegen 379 Strafanzeigen vor, in rund 40 Prozent der Fälle·wird wegen Sexualstraftaten ermittelt.

10. Januar 2016
Die Zahl der Anzeigen steigt auf 516. Bundesjustizminister Heiko Maas spricht davon, dass die Übergriffe möglicherweise zuvor verabredet beziehungsweise organisiert waren. Am selben Tag werden nun Übergriffe auf Menschen aus Pakistan und Syrien in Köln gemeldet. Bis zum 12. Januar steigt die Zahl der Anzeigen in Zusammenhang mit den Vorfällen in der Silvesternacht Berichten zufolge auf mehr als 650.

Identitäten in der Krise – und die Sache mit dem Hornhauthobel

Polizeikommissar Matthias B., Sachbearbeiter der Soko

Ich bin seit 2013 bei der Kriminalpolizei, davor war ich beim Landeskriminalamt in einer Spezialeinheit. Mit der Sachbearbeitung bin ich noch nicht so vertraut, wie ich es mir wünschen würde, aber man hat mir die Möglichkeit gegeben, in der Sonderkommission mitzuwirken. Ich habe mich dafür freiwillig beworben, unter anderem aus dem Grund, weil ich dort noch eine Menge lernen kann. Vor allem vor dem Hintergrund, dass man es hier mit einer recht großen Zahl an Beschuldigten zu tun hat, die zudem noch aus anderen Ländern kommen. Die kommen zwar alle unter dem Begriff des Asylbegehrs zu uns, und zu mehr als 95 oder gar 99 Prozent handelt es sich wirklich um Leute, die in ihrer Heimat ernsthafte Probleme haben und aus diesem Grund zu uns nach Deutschland kommen. Aber es sind eben immer wieder auch Einzelne darunter, die bei uns Straftaten begehen. Was dann natürlich von uns eingedämmt werden muss. Zu diesem Zweck wurden Rahmenbedingungen gesetzt vom Amtsgericht Braunschweig und der Staatsanwaltschaft, und es hat sich inzwischen gezeigt, dass unsere Vorgehensweise genau die richtige ist.

Meine Sachbearbeitung läuft so ab, dass ich zunächst einmal eine Strafanzeige auf den Tisch bekomme, die ich dann zu bearbeiten habe. Die Schwierigkeit liegt darin, dass ich aus dem Einbruchsbereich komme und es dort natürlich mit sehr vielen unbekannten Tätern zu tun habe. Dort muss die entsprechende Spurenlage vorliegen, damit wir dem bislang unbekannten Täter später die Tat auch nachweisen können.

Bei uns in der Soko verhält es sich anders. Durch die gute Arbeit der Kaufhausdetektive etwa werden Täter auf frischer Tat gestellt, und die sind dann Beschuldigte in dem anschließenden Strafverfahren.

Das prinzipielle Problem, das es dabei gibt, das ist hausgemacht durch die Politik – wir baden es gerade nur aus. Denn bei den Personen, die wir in den Anzeigen haben, wissen wir namentlich nicht genau, um wen es sich wirklich handelt. Weil es eben nicht einwandfrei feststeht, ob es sich bei den angegebenen Personalien tatsächlich auch um die rechtmäßigen handelt. Grundsätzlich müssen wir ja in eine Strafanzeige immer die tatsächlichen und damit rechtmäßigen Personalien eintragen. Was dann folgt, ist, dass wir erst einmal telefonieren müssen. Es gibt natürlich taktische und polizeiliche Maßnahmen, mit denen man eventuell noch einen Namen herausbekommt. Das ist aber in diesen Fällen immer sehr fragwürdig.

Insgesamt ist es für uns sehr schwierig, im Einzelfall hinterherzutelefonieren. Weil erstens alle Behörden wie Erstaufnahmeeinrichtungen oder Ausländerbehörden aktuell grundsätzlich vollkommen überlastet sind. Denn es handelt sich ja um eine Flut von Menschen, die binnen kürzester Zeit nach Deutschland gekommen ist.

Viele Sachen sind in der Politik seit Jahren bekannt, aber ein richtiges Vertrauen herrscht immer noch nicht im Hinblick darauf, wie die Regierung mit dem Thema umgeht.

Wir sind jetzt leider in der unglücklichen Position, dass wir eben gewisse markante Fehler ausbaden müssen. Hätte man nämlich eine gewisse Registrierung der Flüchtlinge von vornherein festgelegt, würde es uns natürlich wesentlich leichter fallen zu sagen, um welche Person es sich im Einzelfall tatsächlich handelt. So wie es ist, müssen wir aber immer wieder zum Telefon greifen und die ganzen Personendaten abtelefonieren. Nehmen wir noch einmal den Ladendiebstahl: Durch die Arbeit der Ladendetektive sind die Sachverhalte an sich vielfach ja klar, denn die Täter wurden auf frischer Tat ertappt. Nun gibt es aber auch Unterschiede, zum Beispiel bei den Nord- und Schwarzafrikanern. Bei den Nordafrikanern lautet der Vorname häufig Mohammed. Wenn diese Menschen hier in der Landesaufnahmebehörde ankommen, kriegen sie zunächst einmal einen provisorischen Heimausweis. Dort können sie aber auch einen x-beliebigen Namen angeben. Denn die meisten Flüchtlinge kommen in Deutschland ohne Reisepass, ohne ID-Karte und auch ohne Geburtsurkunde an. Viele erklären dann, dass sie ihre gesamten Unterlagen auf dem Weg nach Deutschland verloren haben. Was sicher in manchen Fällen auch stimmt, aber eben nicht immer.

Die Kollegen, die diese Fälle aufnehmen, die sind inzwischen so geschult, dass sie alle vorhandenen Papiere kopieren. Dadurch existiert also zumindest schon einmal ein Name. Das Abtelefonieren dieses Namens ist allerdings so schwierig. Vor allem kommt in dem Zusammenhang immer auch die Frage auf, wann denn diese Person registriert wurde. Die Ausländerbehörden haben inzwischen einen Nachlauf von sechs bis acht Wochen – mindestens. Nicht vergessen darf man außerdem, dass die Flüchtlinge im Rahmen ihrer Aufnahme relativ schnell wieder verteilt werden, je nachdem, wo gerade entsprechende Kapazitäten vorhanden sind. Das heißt: Wenn wir einen Vorgang bekommen und bemerken, da ist etwas, dann telefonieren wir hinterher und bekommen nicht selten die Antwort, dass der Beschuldigte schon gar nicht mehr in der Stadt ist. Darauf folgen dann natürlich wieder weitere Telefonate.

Wir haben die Telefonnummern von allen Ausländerbehörden in allen Großstädten. Und dann sitzen wir da und telefonieren herum, um rauszufinden, wo sich die betreffende Person aufhält oder aufhalten könnte. Was zum nächsten Problem führt, vor dem wir immer wieder stehen. Das Ganze ist völlig unorganisiert und die Menschen werden auf ihren Wegen von einem Ort zum nächsten auch nicht begleitet. Sie geben also irgendeinen Namen an, verbleiben am Ort ihrer Erstaufnahme eine Weile und werden dann weiterverteilt. Bei Familien, wie sie zum Beispiel aus Syrien kommen, ist das überhaupt kein Problem. Denn diese Menschen haben auch wirklich ein Asylbegehren, weil in ihrer Heimat Krieg herrscht.

Ein ganz anderes Thema sind die Menschen, die aus den Gebieten des Kaukasus zu uns kommen. Bei denen ist es wiederum oftmals so, dass es hier tatsächlich um organisierte kriminelle Strukturen geht. Diese Menschen kennen sich untereinander, und sie sind gut miteinander vernetzt. Sie sind meist auch mit Autos unterwegs. Und zwar in der Regel mit älteren Modellen und sogenannten Ausfuhrkennzeichen. Diese Kennzeichen bekommen sie von den Behörden mit dem Ziel des Ausfahrens – dass sie also die Autos auf der Achse in ihre Heimat transportieren. Häufig allerdings ist genau das gar nicht das Ziel. Ich erinnere mich an einen Fall, wo ein Mann aus dem Kaukasus sechs Fahrzeuge auf seinen Namen angemeldet hatte, was ich natürlich auch erst nach ausgiebigen Telefonaten mit verschiedensten Stellen erfuhr. Der Mann selber hat diese Fahrzeuge nie bewegt, er hat sie vielmehr weitergegeben. Fragt man ihn aber nach diesen tatsächlichen Nutzern, dann gibt er sich ahnungslos und behauptet, von diesen Personen noch nie etwas gehört zu haben. Die Nutzer der Autos aber sind durch die Gegend gefahren und haben verschiedenste Discounter oder Supermärkte angesteuert. Dort haben sie mit präparierten Einkaufstaschen ihre Diebstähle begangen.

Wenn dieser Personenkreis Diebstähle begeht, steht der Zigaretten-Diebstahl auf dem ersten Platz. Und zwar nicht nur eine oder zwei Schachteln. Die Fälle, die wir bearbeiten, beginnen bei einer Schadenssumme von 150 Euro, und es geht auch immer wieder um weit größere Summen. Parfum oder Alkoholika stehen ebenfalls weit oben in der Beliebtheit. Etwas kurios ist daneben noch der Umstand, dass Zahnbürstenaufsätze recht gerne von diesen Kriminellen entwendet werden. Ich habe keine Ahnung, warum.

Gerade erst habe ich einen Fall gehabt, bei dem ein Kaukasier bei einer Drogeriemarktkette aufgefallen ist, nachdem er mit einer präparierten Einkaufstasche versucht hat, Hornhauthobel zu entwenden. Ein Exemplar dieser Hobel kostet 49 Euro, der Mann hat davon immerhin sieben Stück geklaut. Als er wegen der Sache vor Gericht stand, hat er angegeben, dass die Hobel für seine Frau, die Mutter und eine Schwägerin bestimmt waren. Daraufhin hat ihn die Richterin gefragt – da er dann ja immer noch vier Hobel übrig hätte –, was er denn mit denen vorhatte? Darauf gab es dann keine Antwort mehr.

Es ist unheimlich schwer, den Menschen diese Gewerbsmäßigkeit bei ihren Diebstählen nachzuweisen. Wir gehen aber vor dem Hintergrund unserer kriminalistischen Erfahrung davon aus, dass das Diebesgut anschließend auch verkauft wird – etwa auf Flohmärkten zu wesentlich günstigeren Preisen. Die Frage lautet dabei natürlich auch immer wieder, ob der einzelne Dieb seine Beute zum Verkauf anbietet oder ob alles wesentlich strukturierter abläuft, und einzelne Täter ihre Beute womöglich an eine Sammelstelle abgeben, wo dann der Verkauf der verschiedenen Diebstähle beziehungsweise deren Beute geplant wird.

Gerade erst ist den Behörden in Frankfurt am Main ein Paket aufgefallen, das Richtung Kaukasus gehen sollte. Dieses Paket kam den Kollegen schon wegen seiner Form etwas komisch vor. Es war einfach nicht sauber wie ein normales Paket gepackt, sondern hatte diverse Ausbeulungen. Also hat man sich dann nicht nur gewundert, sondern das Paket auch geöffnet. Tatsächlich waren in dem Paket mehrere verklebte Plastikbeutel, in denen sich diverse Smartphones, Schmuckstücke und dazu auch noch Kosmetika befanden. Zusätzlich waren in dem Paket noch mehrere Tablet-Computer verstaut, von denen man einen einem Tatort in Braunschweig zuordnen konnte. Außerdem hatte man durch die Aufschriften auf dem Paket auch einen Absender, der als eine Art reisender Täter ermittelt werden konnte. Eine Person also, die schon mehrere Taten im Bundesgebiet begangen hat. Und auch einen Empfänger des Paketes gab es natürlich, eine Frau aus dem Kaukasus.

Nehmen wir nun wieder die Umgebung eines Asylbewerberheimes, dann muss man sich die gesamten Zusammenhänge ungefähr so vorstellen: Jemand ordert ein Auto mit einem Ausfuhrkennzeichen, nimmt Kontakt zu Landsleuten auf und fährt dann gemeinsam mit denen los, um die Diebstähle zu begehen. Ausgeführt werden solche Taten mit den bereits angesprochenen präparierten Einkaufstaschen oder auch mit präparierten Hosen. Das ist bei Hosen verhältnismäßig einfach: man bindet unten die Beine zu, oben wird ein Loch in die Taschen geschnitten, dann wirft man die Beute einfach hinein und hofft, dass niemand den Diebstahl bemerkt. Alternativ werden auch hinten in den Hosenbund kleine Taschen eingenäht. Mit Jacken und deren Ärmeln wird ähnlich verfahren wie bei den Hosen. Das sind alles Erkenntnisse, die wir bei unserer Arbeit im Laufe der Zeit gewonnen haben.

Zusätzlich wird bei der Präparierung dann eben noch mit Alufolie gearbeitet. Mit der Folie werden Einkaufstaschen oder auch Kleidungsstücke von innen ausgekleidet, sodass die sogenannten Warensicherungsanlagen dann nicht mehr reagieren, wenn ein Dieb mit seiner Beute das Geschäft verlässt.

Ein anderer Trick besteht darin, dass Messer beziehungsweise Seitenschneider mit auf die Diebestour genommen werden. Damit werden die großen Sicherheits-Etiketten abgekniffen, die mit einem Metallstift etwa an hochwertiger Kleidung befestigt sind. Wir haben einmal in einem Selbstversuch getestet, ob man diesen Diebstahlschutz mit der Hand entfernen kann – kann man nicht. Aber man kann den Metallstift eben sehr gut und sehr schnell mit einem Seitenschneider durchtrennen, und das Schutz-Etikett dann im Handumdrehen von der Ware entfernen.

Solche Diebstähle werden oft von mehreren Tätern gleichzeitig an unterschiedlichen Orten begangen, anschließend trifft man sich dann wieder am bereitstehenden Auto und fährt weg. Ob das Diebesgut vom Auto noch einmal an eine zentrale Stelle weitergereicht wird, kann ich bislang noch nicht beurteilen.

Was man aber gerade bei der kaukasischen Klientel durchaus sagen kann, ist, dass die meisten dieser Kriminellen sich untereinander kennen. Das ist im Grunde wie ein Stammbaum. Man fängt bei der Recherche oben mit einem Namen an, von dem gibt es dann immer wieder Verzweigungen zu anderen Namen und damit auch anderen Straftätern, die in der Vergangenheit schon auffällig geworden sind.

André Schulz, der Vorsitzende des Bundes Deutscher Kriminalbeamten, hat sich zu dieser Thematik sehr deutlich in einem Interview geäußert: Er sagte, dass bei dieser Klientel durchaus von organisierter Kriminalität gesprochen werden könne, und zwar von der sogenannten Russen-Mafia. Junge

Männer würden in ihrer Heimat rekrutiert, um in Deutschland Straftaten wie Diebstähle oder Einbrüche zu begehen. Dann würden sie hier einreisen und erst einmal einen Asylantrag stellen, der ihnen zumindest vorübergehend einen legalen Aufenthalt ermöglicht. Zudem bekämen sie vom Staat auch noch eine Unterkunft und eine wenn auch geringe finanzielle Unterstützung. Aber das ist eher zweitrangig, da ihr Ziel vor allem im Begehen von Straftaten liegt. Schulz sprach von einer Gruppe von rund 1000 Personen, auf die all das zutrifft.

Ich persönlich bin auf diese Klientel im April 2015 gestoßen, als ich im Einbruchskommissariat einen Fall bearbeitet habe, in dem es ein Video von drei Tätern gab, die einen späteren Tatort zunächst auskundschafteten. Eine zweite Aufnahme der Überwachungskameras zeigte, wie kurz vor Mitternacht zwei der drei Männer in das Geschäft einstiegen und gezielt die Regale mit den Zigaretten aufsuchten, die dann gestohlen wurden. Die Täter konnten zunächst unerkannt entkommen. Der Wert der entwendeten Waren lag bei immerhin rund 5000 Euro. In einem ähnlichen Fall lag der Wert des Diebesgutes sogar bei rund 10000 Euro. Und ich möchte dabei noch einmal betonen, dass es sich ausschließlich um Zigaretten handelte.

Im Rahmen meiner Ermittlungen habe ich mit sehr vielen Polizeiinspektionen telefoniert, bis ich nach einer Weile auf einen Fall in Goslar gestoßen bin, bei dem eine sehr ähnliche Vorgehensweise vorlag – was wiederum zu einem Täterkreis aus den Regionen des Kaukasus führte. Ich habe anhand der drei Täter einen der besagten Stammbäume ausgearbeitet und dabei festgestellt, dass die Beziehungen der Personen untereinander im Grunde unendlich weitergehen. Irgendwann habe ich bei 35 Personen aufgehört. Von diesen 35 habe ich ermittelt, dass wiederum 20 davon irgendwann einmal in der Landesaufnahmebehörde in Braunschweig gewohnt haben. Da ist mir dann allerdings ein Licht aufgegangen. Das war auch der Auslöser, dass ich mich freiwillig für die Soko gemeldet habe.

Inzwischen haben sich in dem Zusammenhang auch noch weitere Fälle ergeben. Darunter erneut ein Fall, in dem es um ein Fahrzeug ging, dessen Halter ein Kaukasier war. In Freiburg ist ein Mann festgenommen worden, der Zigaretten im Wert von mehreren Hundert Euro gestohlen hat, und der zuvor schon in unserem Bereich aktiv war – es geht einfach immer weiter. In besagtem Auto saß zudem noch ein weiterer Mann, auf den im Hochsauerlandkreis zwei weitere Fahrzeuge mit Ausfuhrkennzeichen zugelassen waren. Was im Endeffekt dafür steht, dass diese kriminellen Strukturen im gesamten Bundesgebiet vorzufinden sind.

Zum Thema Auto ist noch zu sagen, dass eine Person mit einem Führerschein aus dem Kaukasus diesen Führerschein auch bei uns ein halbes Jahr lang nutzen kann. Diese rechtliche Lage ist den Beteiligten aber meist eher unwichtig. Denn es ist ja so, dass die Menschen einerseits eine gewisse kriminelle Energie besitzen, und dass auf der anderen Seite das Netz der Verkehrskontrollen bei uns doch eher weitmaschig ist. Das Risiko, nach besagtem halben Jahr von der Polizei auf den Straßen erwischt zu werden, ist also recht gering – was diesen Menschen durchaus bewusst und sehr recht ist. Sie gehen ein gewisses Risiko bewusst und gewollt ein. Ich könnte mir folgendes Szenario vorstellen, ohne dass ich es grundsätzlich allen Personen aus besagten Regionen unterstellen will: Eine Person reist ein, der Führerschein behält ein halbes Jahr seine Gültigkeit. Aber man kann ja nicht wirklich genau nachweisen, wann die Person denn tatsächlich eingereist ist, was wieder zu der Verkettung unglücklicher Umstände gehört, mit denen wir es zu tun haben – nämlich der Nichtregistrierung. Der Mann kann also mit seiner noch gültigen Fahrerlaubnis zur Zulassungsstelle gehen und dort erklären, dass er ein Fahrzeug ausführen will. Dann gibt es dort nicht viel zu kritisieren, und es wird auch kaum Bedenken gegen den vorgetragenen Wunsch geben.

Wenn so eine Person mit einem Auto tatsächlich kontrolliert wird, werden die Erkenntnisse im Zuge des Ermittlungsverfahrens natürlich per Fax an die Zulassungsstelle gesendet. Es wird also ein Bericht geschrieben, in dem auch die Personalien des Halters und der weiteren Insassen enthalten sind. Damit die Behörden Bescheid wissen, falls eine dieser Personen noch einmal versucht, ein Fahrzeug zuzulassen.

In all diesen Fällen handelt es sich leider auch um eine Kriminalität, die nicht allein unter Flüchtlingen stattfindet, sondern die auch Einheimische betrifft, die von den Diebstählen betroffen sind.

REALISTISCHE LÖSUNGSANSÄTZE
STATT BÖSARTIGER MÄRCHEN

Die akademischen Auseinandersetzungen der Spitzenpolitiker zum Thema Flüchtlinge kann ich als Kripochef, als Polizeibeamter und auch als Gewerkschafter überhaupt nicht nachvollziehen. Einfach weil sie uns keinen Millimeter weiterbringen. Das gilt vor allem für die Diskussionen rund um den Artikel 16 des Grundgesetzes, der das Asylrecht festschreibt. Der Grund, warum all diese Diskussionen meist sinnlos sind, ist einfach: Die Menschen sind bereits hier, sie sind bei uns im Land. Wir sind nun gefordert, mit dieser Problematik umzugehen, und vor allem sind wir gefordert, Lösungen zu finden. Das ist der erste Punkt, der zweite Punkt lautet: Es bringt uns keinem Ziel näher, wenn wir die ohnehin aufgeheizte Situation auch noch mit gezielten Falschinformationen zusätzlich befeuern und so die Stimmung in der Bevölkerung noch weiter aufheizen. Mit diesem zusätzlichen Befeuern meine ich unter anderem die schon angerissenen Geschichten über von Flüchtlingen vergewaltigte Kinder oder missbrauchte Frauen, die nichts anderes als bösartige Märchen sind und jeglicher Grundlage entbehren.

Diese und ähnliche Gerüchte haben auch in unserer Stadt zu sehr großen Irritationen geführt. So etwas darf nicht geschehen, und so etwas dürfen gerade Politiker bestimmter Parteien nicht in die Welt setzen. Ein beschämendes Beispiel dafür war eine Aussage des AfD-Politikers Uwe Wappler, der sich über die angebliche Untätigkeit der Polizei beschwerte. Als Erklärung dafür führte der Mann aus Niedersachsen eine angebliche Vergewaltigung eines zwölfjährigen Mädchens durch Flüchtlinge an. Die Polizei sei dem Fall aus Gründen der »political correctness« gar nicht erst oder nicht mit allen Mitteln nachgegangen, erklärte Wappler gegenüber Reportern der ARD. Und das sei einfach Anarchie, meinte er. Da hätte Herr Wappler vermutlich sogar recht gehabt, wenn denn an der ganzen Sache auch nur das Geringste wahr gewesen wäre. Als jedoch die Reporter auf die Aussage eingingen und den AfD-Mann nach mehr Details zu dem Fall fragten, geriet der plötzlich arg ins Schwimmen. Er habe die Fakten »nicht jetzt exakt präsent«, stammelte der Politiker ins Mikrofon, er könne sie aber gerne nachliefern. Der Reporter jedoch hakte erneut nach: Er wollte wissen, wann, wo, wer von wem vergewaltigt wurde, das seien schließlich Fakten, die man kennen müsse, wenn man Derartiges behaupte. Wappler blieb eine Antwort schuldig, schwieg einen Moment und bescheinigte dem Reporterteam dann, dass er gute journalistische Arbeit mache und ihn auf dem falschen Fuß erwischt habe. Später soll Wappler dann via Mail eingestanden haben, dass es den angesprochenen Fall irgendwie nicht gebe, dafür ja aber andere ähnliche. Die Geschichte um das angeblich vergewaltigte zwölfjährige Mädchen war tatsächlich vollkommen frei erfunden und entbehrte damit jeder Basis. Nur hatte nun eben ein Politiker einer Partei darüber im TV gesprochen, und auch wenn er dabei eine denkbar schlechte Figur abgegeben hat und der Unwahrheit überführt wurde, verbreiten sich solche Gerüchte auch via Internet oft deutlich schneller, als eine mit Fakten untermauerte Wahrheit, die wesentlich unspektakulärer klingt.

Es gibt inzwischen unzählige solcher Geschichten, die sich rasend schnell verbreiten, und hinter denen sich keinerlei überprüfbare Fakten verbergen. So wurde in Donaueschingen getuschelt, ein Flüchtling solle in der Nähe des Bahnhofes ein 14-jähriges Mädchen vergewaltigt haben. Woher diese Information allerdings stammte, konnte niemand sagen.

Trotzdem wurde in dem Ort überall von dieser Geschichte erzählt, und auch über die sozialen Medien verbreitete sich das Gerücht im ganzen Land. All das führte sogar dazu, dass die örtliche Polizei tatsächlich Ermittlungen aufnahm. Was dabei herauskam, waren allerdings vor allem immer abstrusere Versionen der Basisgeschichte. In einer Version hieß es sogar, dem Mädchen seien nach der Vergewaltigung auch noch beide Ohren abgeschnitten worden. Doch ein reales Opfer konnte nie gefunden werden. Weder innerhalb der einheimischen Bevölkerung noch in den Notaufnahmen der Krankenhäuser. Nirgendwo fand sich ein Fall beziehungsweise eine Person, deren Erlebnisse die Basis der Geschichte hätten darstellen können. Am Ende ihrer Ermittlungen stellte die Polizei dann öffentlich klar, dass kein Flüchtling eine Frau oder ein Mädchen vergewaltigt hatte.

Trotzdem wird die Angst der Menschen vor den Flüchtlingen immer wieder geschürt, denn die seien ja auf nichts anderes aus als auf deutsche Frauen. Ein gutes Beispiel dafür ist einmal mehr die Pegida. Dort sprach etwa eine Rednerin von »Massen muslimischer Männer, die alle keine Frauen haben und sexuell beladen sind«. Die brächten jede Menge gesellschaftspolitischen Sprengstoff mit.

Was dann wieder weitere Geschichten und Gerüchte schürt, die jeglicher wahren Basis entbehren. So sollte in der Nähe eines Fitnesscenters in Lünen nach einer Party eine 17-Jährige auf dem Heimweg gleich von einer ganzen Gruppe von Flüchtlingen belästigt worden sein. Mindestens fünf Männer hätten das Mädchen geschlagen und schließlich auch zu Oralverkehr gezwungen – allein die heftige Gegenwehr des Opfers hätte noch Schlimmeres verhindert. Die Polizei selbst wusste nichts darüber, sie fand die Nachricht vielmehr auf den Internetseiten des als rechtslastig eingestuften DortmundEcho.

Die Beamten wollten mehr über die vermeintliche Tat herausfinden, sie suchten nach Zeugen und befragten auch den Betreiber des angesprochenen Fitnesscenters. Doch niemand kannte den Fall, und auch hier gab es kein Opfer.

Trotzdem verbreitete sich auch dieses Märchen nicht nur in der rechtsradikalen Szene unaufhörlich. Die Realität in Deutschland ist aber die, dass ausländische Menschen bei Sexualdelikten nicht auffälliger als Deutsche sind. Das ist eine durchaus mit Fakten und Zahlen belegbare Tatsache, die allerdings einmal mehr gewisse Politiker nicht davon abhält, mit gegenteiligen Aussagen Stimmung zu machen. Die AfD ist in diesem Zusammenhang ganz vorne dabei. So sprach etwa der thüringische Fraktionsvorsitzende Björn Höcke davon, dass die Ängste in Deutschland stärker würden – und zwar besonders bei blonden deutschen Frauen. Das sei unerträglich im eigenen Land. Vor allem soll er später erklärt haben, von diesen Ängsten hätten ihm einige Frauen persönlich berichtet. Es habe sich um Frauen gehandelt, die unter anderem aus beruflichen Gründen in den Ballungsgebieten des westlichen Deutschlands unterwegs waren und die dort unter anderem in öffentlichen Verkehrsmitteln unsittlich angesprochen worden seien. Von Vergewaltigung sprach Höcke zwar nicht, doch auch seine Worte zielten in die Richtung, dass männliche Flüchtlinge im Grunde auf nichts anderes als deutsche Frauen aus sind.

Ich habe bereits den Tag angesprochen, an dem ich in die Talkshow von Anne Will eingeladen war. Auch an jenem Abend waren sexuelle Übergriffe durch Flüchtlinge ein Thema. Und wieder gab es einen großen Unterschied zwischen Wahrheit und verbreiteter Meinung, zwischen Gerücht und tatsächlichem Problem. Es kam nicht überraschend, dass der ebenfalls anwesende AfD-Landesvorsitzende von Nieder-

sachsen Armin Paul Hampel das vermeintliche Problem an-
sprach. Auch Hampel entblödete sich nicht, den von seinem
Parteifreund Wappler erzählten Unfug in dieser Sendung ein-
zustreuen. Auf meinen Einwand, dass doch mittlerweile klar
sei, dass es sich um eine Lügengeschichte Wapplers gehandelt habe, besaß er noch die Unverfrorenheit anzumerken,
okay, das Mädchen war wohl ein Junge, und es war auch
nicht dort, wo Wappler wohnt. Fakt ist, dass es auch diesen
Vorfall nicht gab. Aber so wird beim unbedarften Betrach-
ter Betroffenheit und Wut erzeugt. Der deutsche Staat lässt
demnach angeblich zu, dass seine Bürgerinnen und Bürger
Opfer von kriminellen Asylbewerbern werden.

Aber es ging noch weiter: Hampel zitierte aus einem Schreiben, das von Mitarbeiterinnen von Organisationen wie Pro-
Familia, dem Landesfrauenrat und weiteren verfasst und an
die frauenpolitischen Sprecherinnen im Hessischen Landtag
als etwas geschickt wurde, das Hampel einen Notbrief nannte. Darin hätten die Frauen zum Ausdruck gebracht, dass die
Situation sehr schlimm sei. Gerade die Unterbringung von
Flüchtlingen in Großzelten und ähnlichen Räumlichkeiten
führe zu einer Schutzlosigkeit der Frauen. Die Gesamtsitua-
tion führe dazu, dass Männer aus Ländern, in denen Frauen
ohnehin nur eine untergeordnete Rolle einnehmen, vor allem allein reisende Frauen wie Freiwild behandelten. Folge
seien zahlreiche Vergewaltigungen und sexuelle Übergriffe,
zunehmend werde auch von Zwangsprostitution berichtet.
Es müsse dazu außerdem deutlich gesagt werden, dass es sich
nicht um Einzelfälle handele.

Was die Organisationen in ihrem Brief zu berichten wussten, klang sicher sehr dramatisch, und es muss dazu auch
gesagt werden, dass das, was Herr Hampel vortrug, tatsächlich so geschrieben worden war. Außerdem ist zu sagen, dass

die hinter dem Brief stehenden Organisationen als durchaus glaubwürdig gelten können. Nur war es so, dass ich selber rund eine Woche vor der Sendung an der Bundesvorstandssitzung des Bundes Deutscher Kriminalbeamten teilgenommen hatte. Nicht nur das, ich habe im Rahmen dieser Sitzung auch mit allen Landesvorsitzenden des BDK gesprochen. Dabei kam auch das Thema sexueller Übergriffe zur Sprache, und es stellte sich heraus, dass von derartigen Zuständen wie in dem Brief geschildert nicht die Rede sein konnte. Ich nehme die Aussagen der Verfasserinnen des Briefes durchaus ernst, ich möchte aber auch betonen, dass selbst solche Aussagen sehr leicht falsch interpretiert werden können. Häufig ist damit etwas ganz anderes gemeint, als mancher glaubt beziehungsweise andere glauben machen möchte.

Aber noch einmal zurück zu dem geschriebenen Brief: Versandt worden war dieses Schreiben auf Initiative einiger weniger besorgter Mitarbeiter der Verbände, und im Hintergrund ging es eher um eine vernünftige getrennte Unterbringung von Frauen, Mädchen und Männern in einer Aufnahmestelle, verbunden mit der Furcht, dass bei Nichthandeln der Behörden etwas Schlimmes passieren könnte. Jedenfalls haben die vier Verbände das nicht autorisierte Schreiben sofort zurückgezogen und mittlerweile ist die Aufregung nicht mehr so groß. Die jedenfalls dort registrierten Vorfälle seitens der Polizei sind aber auch nicht im Bereich der Massenvergewaltigungen zu finden. Es gab wohl sexuelle Übergriffe und jeder derartige Fall ist ein Fall zu viel! Tatsächlich geht es dabei meist nicht um reale Straftaten, wie sie eine Vergewaltigung zweifelsohne darstellt, es geht vielmehr um den despektierlichen Umgang bestimmter Männer mit deutschen und anderen Frauen. Das ist tatsächlich ein Problem, aber ein anderes als eine Vergewaltigung. Gemeint ist der Umstand, dass vor allem junge Männer alleinstehenden oder auch nur allein gehenden Frauen nicht mit dem Respekt begegnen, der bei uns glücklicherweise üblich ist. Sie nähern sich den Frauen also in einer Art und Weise, die nach unserem mitteleuropäischen Empfinden nicht in Ordnung ist. Das ist nicht schön, das ist nicht gut, und ich verstehe jede Frau, die damit ein Problem hat. Dabei allerdings handelt es sich eben nicht um wirkliche Straftaten, sondern um Vorgänge, die in erster Linie unangenehm für die derart angesprochenen Frauen sind. Was jedoch nicht bedeutet, dass wir so etwas akzeptieren. Vielmehr gehen wir auch dagegen gezielt vor und versuchen, den männlichen Flüchtlingen zu vermitteln, dass so etwas bei uns nicht in Ordnung ist. Nur handelt es sich dabei eben nicht um ein strafrechtliches Problem, sondern um ein gesellschaftliches. Immer noch ist es zudem ein Unterbringungsproblem, weil in den Flüchtlingsunterkünften häufig weiterhin Männer, Frauen, allein Reisende und Familien gemeinsam auf engstem Raum untergebracht sind.

An dieser Stelle ist es nun sehr wahrscheinlich, dass man mir als Mann unterstellen kann oder wird, ich würde das tatsächliche Problem herunterspielen oder es gar gänzlich ignorieren. An jenem Abend war in der Talkshow aber auch eine Frau namens Diana Henniges zu Gast. Die hat im Jahr 2013 gemeinsam mit anderen die Initiative »Moabit hilft« ins Leben gerufen, die sich in Berlin für Flüchtlinge in der Nachbarschaft einsetzt. Frau Henniges selber lebt nach eigenen Aussagen quasi auf halbem Weg zwischen zwei Flüchtlingsunterkünften. Man kann also davon ausgehen, dass sie die Realität und das Verhalten von Flüchtlingen unterschiedlicher Herkunft sehr gut kennt. Daher ist es interessant, mit welchen Worten sie auf den Vortrag des Herrn Hampel regierte. Sie sagte schlicht: »In jedem Bierzelt werde ich mehr angemacht als in einem Flüchtlingsheim.« Dem ist wenig hinzuzufügen.

Sozialleistungsbetrug: Doppelt hält länger

Polizeioberkommissar Jörn Memenga,
stellvertretender Leiter der Soko

Die Soko gibt es inzwischen ja schon eine ganze Weile, trotzdem haben wir immer noch eine Menge an Vorgängen zu bearbeiten. Immerhin ist bei den Haftsachen ein Rückgang zu verzeichnen. Was möglicherweise damit zusammenhängt, dass es sich herumgesprochen hat, dass man hier bei uns auch für eine vermeintliche Bagatelle einem Richter vorgeführt und verurteilt werden kann. Damit haben die meisten Straftäter sicher nicht gerechnet.

Nun ist es ja so, dass es in Braunschweig vor allem die Landesaufnahmebehörde gibt, und die Menschen zumindest bisher nach einigen Wochen auf andere Einrichtungen verteilt wurden. Was natürlich zu der Frage führt, wie sich die Existenz einer Sonderkommission herumsprechen kann, wenn diejenigen, die davon wissen, schon längst wieder anderswo sind. Die Antwort darauf ist recht einfach: Die meisten Flüchtlinge nutzen Smartphones, und sie nutzen auch soziale Medien wie Facebook. Dass Flüchtlinge ihre Handys und Smartphones haben, ist prinzipiell natürlich völlig in Ordnung. Diese Geräte sind schließlich ihre einzige Verbindung zur Außenwelt und ermöglichen es ihnen, den Kontakt in ihre Heimat und zu ihren Angehörigen zu halten und von aktuellen Ereignissen zu erfahren. Man darf schließlich nicht vergessen, dass diese Menschen in den Unterkünften kein Fernsehen oder Radio haben, sie haben nichts außer ihren Smartphones. Die sind ihr einziger Zugang zu tagesaktuellen Nachrichten. Problematisch ist es, wenn eine einzelne Person fünf solcher Mobiltelefone bei sich trägt, von denen vier schlicht und einfach geklaut sind. Das geht dann natürlich gar nicht.

Die Flüchtlinge sind also sehr wohl immer auch über aktuelle Vorgänge informiert. Es kann daher gut sein, dass Flüchtlinge, die erst noch nachrücken, bereits von der Existenz der Soko wissen. Das trifft aber nicht nur auf eventuell kriminelle Personen zu, sondern auf alle Flüchtlinge. Denn eines sollte man nicht vergessen: Kaum jemand kommt völlig unvorbereitet nach Deutschland, die meisten haben sich, so gut wie möglich auch vorab informiert, was sie hier erwartet. Dabei geht es natürlich auch um die Wege, die zu gehen sind, oder über welche Staaten man am besten nach Deutschland gelangt. Außerdem machen natürlich immer wieder auch Auskünfte die Runde, welche Staatsangehörigkeit man haben beziehungsweise angeben muss, um Asyl beantragen zu können und mit diesem Antrag auch gute Chancen zu haben. Auch auf dem Gelände der Landesaufnahmebehörde haben die Menschen Zugriff auf das Internet. Wir als Soko schaffen es allerdings kaum, uns auch durch die sozialen Netzwerke zu bewegen, um eventuelle Strukturen zu finden, dazu fehlt einfach die Zeit. Ich möchte aber auch betonen, dass es in den sozialen Netzwerken ebenfalls Hinweise zu durchaus nützlichen Fakten gibt. Etwa wie die Verteilung der Flüchtlinge in Deutschland abläuft oder wie man sich gegenüber deutschen Behörden verhalten sollte.

Natürlich werden via Internet aber auch Informationen darüber ausgetauscht werden, welche Probleme es aktuell gibt. Die Flüchtlinge erfahren so unter anderem, dass es wegen der großen Menge an Menschen Schwierigkeiten mit einer zeitnahen Registrierung bei uns gibt. Was dann dazu führt, dass Einzelne mit der Angabe unterschiedlicher Personalien versuchen, ihre Chance zu erhöhen, dass ihnen in Deutschland Asyl gewährt wird.

Ich kenne sogar ein Beispiel, bei dem ein Flüchtling uns genau das bestätigt hat. Es handelte sich um jemanden, der sich mit zwei verschiedenen Personalien zweimal Sozialleistungen zu erschleichen versuchte. Dahinter verbirgt sich der Umstand, dass ein Flüchtling bei der Registrierung in der Landesaufnahmebehörde immer auch einen Heimausweis erhält. Dieser Mann hatte nun zwei Heimausweise mit zwei unterschiedlichen Personalien bei sich. In einem stand sein richtiger Name, in dem anderen eine Alias- beziehungsweise Fake-Personalie. Er hat uns auch gesagt, warum er diese beiden Ausweise bei sich trug: Eben weil er der Überzeugung war, dass er so seine Chance auf Asyl in Deutschland erhöhen konnte. Dahinter verbarg sich aber keine kriminelle Energie, sondern vielmehr eine Kombination aus Verzweiflung und Angst, weil er einfach nicht zurückgeschickt werden wollte in sein Heimatland, aus dem er ja gerade erst geflohen war. Es handelte sich bei diesem Heimatland um einen Staat in Nordafrika, in dem kriegsähnliche Zustände herrschen. Wenn man ehrlich ist, muss man aber auch eingestehen, dass es neben der Angst davor, zurückgeschickt zu werden, möglicherweise noch einen anderen Grund für die doppelte Identität gegeben hat – weil derjenige eben auch wusste, dass er für jede der Identitäten Sozialleistungen, also Geld bekommt. Auch darüber wissen Flüchtlinge natürlich Bescheid, und auch darüber tauschen sie sich natürlich aus.

Das Gleiche gilt vor dem Hintergrund, dass so viele Menschen ausgerechnet nach Deutschland wollen. Der Grund dafür ist nicht nur die Einladung der Bundeskanzlerin, vielmehr haben die Menschen sich auch sehr früh darüber informiert, dass es bei uns ein vernünftiges Sozialsystem gibt. Ein System, zu dem auch zählt, dass die Menschen bei ihrer Ankunft Bargeld in die Hand bekommen. Und wenn es kein Geld gibt,

gibt es zumindest Sachleistungen. Was durchaus ein zusätzlicher Anreiz ist, sich mit unterschiedlichen Personalien anzumelden, um mehrmals in den Genuss dieser Leistungen zu kommen. Man versucht es also einfach mal. Und man weiß, es wird deswegen keinen großen Ärger geben – wenn die mich erwischen, dann erwischen die mich eben, was soll's.

Was natürlich zu der Frage führt, wie wir vorgehen, wenn wir auf eine Person mit verschiedenen Personalien antreffen. Grundsätzlich ist für uns erst mal immer die Personalie die tatsächliche, mit der eine Person zum ersten Mal aufgetaucht beziehungsweise registriert worden ist. Wir nennen diese Personalie daher auch die Führungspersonalie. Kann ein Mensch keinen Ausweis oder keine ID-Card vorlegen, folgen wir zunächst einmal seinen Angaben, weil wir nicht per se davon ausgehen, dass derjenige eigentlich anders heißt. Der Verdacht mag bei manchem naheliegen, nur haben wir eben auch keinen Beweis dafür. Sagt er uns also einen Namen und sagt, dass dieser Name sein Name ist, dann ist er das für uns, und er wird mit diesem Namen in Deutschland geführt.

Wir dürfen übrigens nicht überprüfen, wie sich eine bestimmte Person etwa auf Facebook nennt. Das ist rein rechtlich nicht erlaubt. Wenn wir jemanden fragen, ob wir auf seinem Handy zum Beispiel nach Kontakten suchen dürfen, und er uns das erlaubt, ist es okay. Alles andere dagegen würde eine Art Durchsuchung darstellen. Wir können auch niemandem einfach das Handy wegnehmen, weil wir darauf nach bestimmten Daten suchen wollen. Da kann jeder Mensch darauf bestehen, dass er das nicht möchte. Tun wir es aber trotzdem, wäre es rechtlich nicht einwandfrei und wird aus diesem Grund auch nicht so gehandhabt. Dabei muss die betreffende Person auch keinen Nachweis erbringen, dass es sich tatsächlich um ihr eigenes Gerät handelt.

Wir werden auch immer wieder gefragt, woher denn die Flüchtlinge alle ihre Handys haben, weil die ja einen gewissen Wert darstellen und gewisse Kosten verursachen. Die Antwort darauf ist recht einfach: Ein Flüchtling war schließlich nicht immer ein Flüchtling. Gerade die Menschen aus Syrien kommen aus einem vormals recht gefestigten und strukturierten Umfeld, das dem in Deutschland gar nicht so unähnlich war. Bevor der Krieg kam, der diese Strukturen weitestgehend zerstört hat. Sie haben also nicht hinter dem Mond gelebt, wie manche Menschen glauben machen wollen. Sie haben ein ganz normales Leben in einer modernen Welt geführt, das dann aber durch den Krieg zerstört wurde.

Aber noch einmal zurück zu den Personalien und den Sozialleistungen. Denn die sind ein Problem, auf das wir bei fast allen Straftätern treffen, zu denen wir Kontakt haben. Der überwiegende Teil dieser Menschen verbirgt seine wahre Identität hinter solchen sogenannten Alias-Personalien. Dahinter wiederum verbirgt sich ein typisches Phänomen bei der Registrierung von Flüchtlingen. Diese Menschen treffen also in einer Aufnahmeeinrichtung ein und geben dort einen Namen an. Nehmen wir als unverfängliches Beispiel einmal den Namen eines legendären Boxers – Muhammad Ali. Begeht so eine Person eine Straftat, haben wir die Möglichkeit, über den Abgleich der Fingerabdrücke festzustellen, ob sie in Deutschland schon einmal straffällig geworden ist. Dieses Verfahren wird bei uns in der Regel Fast-ID genannt und steht für eine schnelle Identifizierung. Beinahe in jedem Fall stellen wir dann fest, dass die Person schon vorher unter anderen Personalien aufgefallen ist. Vielleicht ist die Person in Koblenz direkt nach der Einreise registriert worden, oder in Hamburg, weil sie dort geklaut hat. Wie gesagt, immer unter anderen Namen. Gerade bei den wirklich kriminellen Personen ist das sehr auffällig und man kann in solchen Fällen schon fast von einer Art »Tourismus« sprechen.

Die Gründe für so ein Vorgehen sind durchaus unterschiedlich. Ein Grund ist sicher der, dass diese Menschen nicht wollen, dass die deutschen Behörden mitbekommen, dass sie überall im Land Straftaten begehen. Andere wollen vielleicht ihren richtigen Namen nicht angeben, weil sie Angst vor den Behörden in ihren Heimatländern haben – mancher wird auch dort gesucht, andere fürchten sich vor Verfolgung durch eine bestimmte politische Partei oder Organisation.

Das sind natürlich vor allem Vermutungen. Keine Vermutung ist Folgendes: Dass nämlich Einzelpersonen durch ihre verschiedenen Identitäten eben auch mehrfach Sozialleistungen bekommen wollen. Wir haben es schon in mehreren Fällen gehabt, dass sich hier Personen unter falschem Namen registrieren lassen, um ihre circa 140 Euro Handgeld zu erhalten. So etwas ist natürlich ein Sozialleistungsbetrug und damit eine Straftat. Für mich persönlich ist das auch keine Trickserei aus reiner Langeweile, sondern ein gezieltes Hintergehen und Betrügen des deutschen Staates.

Nun kann man sich als Außenstehender natürlich folgende Frage stellen: Gesetzt den Fall, alle angegebenen Identitäten einer Person sind falsch, nur die Fingerabdrücke stimmen, weil diese sich eben nicht fälschen lassen – welche Person oder Identität wird dann im Falle einer Straftat überhaupt angeklagt oder kann angeklagt werden? Die Antwort darauf lautet, dass wir uns mit der Leitung und auch der Justiz darauf geeinigt haben, dass die Personalie, mit der eine Person in Deutschland erstmals aufgetaucht ist, dann auch die schon erwähnte Führungspersonalie darstellt. Wenn wir also besagten Muhammad Ali haben und dann über die Fast-ID feststellen, diese Person tauchte vor einigen Wochen in einer anderen Stadt erstmals auf, nannte sich damals aber noch Cassius Clay, dann heißt er für uns von nun an Cassius Clay, und der Name wird bei uns im System gegen diese Führungspersonalie ausgetauscht. Das machen wir, weil wir uns irgendwann auf eine Personalie festlegen müssen, wenn es kein heilloses Durcheinander geben soll. Stellt sich dann nach einer Weile doch noch heraus, wie sein wirklicher Name lautet und dass dieser Name nichts mit den angegebenen Identitäten zu tun hat, wird die Führungspersonalie wieder gegen den realen Namen getauscht. Es ist einfach so, dass man vor dem Hintergrund der Massen von Flüchtlingen irgendwann eine Regelung finden muss, um nicht im Chaos zu versinken.

Hinter den vielen neuen Identitäten verbirgt sich für mich nichts anderes als eine durchdachte kriminelle Geschäftsidee. Wenn ich aus gutem Grund aus meinem Heimatland flüchte, gebe ich in Deutschland meinen richtigen Namen an, weil ich nichts anderes im Sinn habe, als hier aufgenommen zu werden und ein neues, sicheres Leben zu beginnen. Und ich möchte noch einmal betonen, dass solche Menschen auch die weit überwiegende Mehrheit darstellen. Diejenigen, die wir verfolgen, sind dagegen eine winzige Minderheit, deren Anteil im niedrigen einstelligen Prozentbereich liegt, die uns aber sehr viel Arbeit machen durch ihre kriminelle Energie.

Ein Beispiel dafür, warum uns diese Fälle sehr viel Arbeit machen, ist ein Fall, mit dem wir es gerade erst zu tun hatten. Dabei ging es um eine Person, die nach allen Nachforschungen, die wir inzwischen angestellt haben, nicht weniger als zehn verschiedene Identitäten besaß. Er hat sich also zehn Namen ausgedacht, ist allerdings bisher nur zweimal straffällig geworden. Wir müssen nun erst einmal nachprüfen, ob dieser Mann womöglich schon in fünf oder sechs Aufnahmeeinrichtungen vorstellig geworden ist, und dort laut »Asyl«

gesagt hat, um in den Genuss von Sozialleistungen zu kommen. Denn für mich gibt es kaum einen anderen Grund dafür, dass jemand zehnmal einen anderen Namen angibt. Der einzige Sinn besteht darin, dass derjenige etwas Verbotenes machen will, dass er sich durch die wechselnden Identitäten Vorteile erhofft, die ihm als Einzelperson eigentlich nicht zustehen.

Aktuell beschäftigt uns daneben noch ein wieder anders gearteter Fall. Die Flüchtlinge bei uns bekommen in der Landesaufnahmebehörde ebenfalls Gutscheine, mit denen sie einkaufen können. Sie können sich damit zum Beispiel in bestimmten Warenhäusern Bekleidung holen. Die Flüchtlinge gehen dorthin, geben den Gutschein ab und können für den Gegenwert einkaufen. Nun ist ein Flüchtling auf eine Idee gekommen und hat einen dieser Gutscheine auf einem Farbkopierer vervielfältigt – eine kriminelle, aber zugegeben keine dumme Idee. Schließlich handelt es sich um recht einfach gestaltete Gutscheine, die über keine anspruchsvollen Sicherheitsmerkmale verfügen, wie sie etwa bei Geldscheinen Standard sind. Aufgefallen und aufgeflogen ist die Sache dann trotzdem. Vor allem ist dieser Fall aber noch einmal auch ein Hinweis darauf, mit welcher Bandbreite von Fällen wir es als Sonderkommission immer wieder zu tun bekommen.

Zwischen Wahrheitsfindung und Statistik-Tricksern

Die Einrichtung der Soko hatte neben anderen vor allem einen wichtigen Grund: Wir wollten die Wahrheit wissen, wir wollten ermitteln, wie viele Straftaten wirklich von kriminellen Flüchtlingen begangen werden. Außerdem ging es immer auch darum, wie sich die Unterbringung in einer Massenunterkunft über längere Zeit auf das Verhalten von Menschen auswirkt. In der Vergangenheit wurde in den Medien ja häufig darüber berichtet, dass es in den Aufnahmeeinrichtungen immer wieder zu Schlägereien oder Massenschlägereien gekommen ist. Was wiederum Ängste vor der Kriminalität und der Brutalität von Flüchtlingen aufkommen ließ.

Dazu ist zu sagen, dass es tatsächlich mehr geworden ist mit den Schlägereien, seit die Belegungszahlen in den Aufnahmestellen massiv angestiegen sind. Das ist eindeutig, und das lässt sich nicht wegdiskutieren. Für die Polizei ist gerade das eine doppelte Belastung. Weil sie nicht nur die Streitigkeiten zu schlichten und die Schlägereien zu beenden hat. Gleichzeitig werden die Beamten mit dem Elend konfrontiert, dem sie in den Massenunterkünften begegnen. Vor allem muss man aber sagen, dass diese Schlägereien nichts mit den Flüchtlingen als solchen zu tun haben. Auslöser ist vielmehr vor allem deren aktuelle Situation. Jeder Kriminologie- oder Psychologiestudent im ersten Semester weiß, dass es zu solchen Vorfällen fast automatisch kommt, wenn Menschen in Massen über einen längeren Zeitraum auf engstem Raum zusammengepfercht untergebracht sind – zudem noch ohne jegliche Privatsphäre. Dass da irgendwann jemand austickt, das ist fast unausweichlich, und das würde auch jedem Einheimischen so gehen. Das hat nichts mit Ausländertum oder Migrantentum zu tun. Würde man uns Deutsche in Massen in einen Hangar sperren, würde es wohl kaum länger als 14 Tage dauern, bis wir anfangen, uns die Köpfe einzuhauen.

Auf jeden Fall aber muss man sich mit diesem Problem beschäftigen. Weil es landauf landab auftritt, und weil es auch mit polizeilichen Mitteln allein nicht mehr in den Griff zu kriegen ist. Auch weil man sich in der Vergangenheit im Öffentlichen Dienst regelrecht kaputtgespart hat. Man hat outgesourced und Personal abgebaut, was das Zeug hält, sodass die Polizei in den Ländern inzwischen die Grenzen ihrer Leistungsfähigkeit erreicht hat.

Aber zurück zu dem eigentlichen Thema. Meine Position und auch die der Kollegen innerhalb der Sonderkommission ist immer die gewesen, dass es keine kriminellen Völker gibt. Es ist mir ehrlich gesagt vollkommen egal, wer da Straftaten begeht. Aber wer Straftaten begeht, der wird wegen dieser Taten verfolgt. Dabei ist es wie gesagt völlig egal, aus welchem Land diese Person stammt. Und um auch das noch einmal festzuhalten: Der Anteil der Straftäter unter den Flüchtlingen ist nicht größer, als es etwa bei Einheimischen der Fall ist. Unter den 40 000 Menschen, die im Jahr 2015 die Landesaufnahmebehörde in Braunschweig insgesamt durchliefen, lag der Anteil der Straftäter auf einem Niveau von 1,0 bis 1,5 Prozent. Das ist ein ausgesprochen geringer Anteil. Dabei handelt es sich überwiegend um Personen, die, wie ich schon immer vermutet habe, im großen Strom der Flüchtlinge mitgeschwommen sind, um gezielt nach Deutschland zu kommen, weil sie hier eben Straftaten begehen wollten.

Dieses Problem ist außerdem nicht neu. Das gab es schon immer im Bereich von Landesaufnahmestellen. Es waren immer Personengruppen dabei, die nichts anderes im Sinn hatten, als hier bei uns Straftaten zu begehen. Immer wieder kommt in diesem Zusammenhang aber auch das Thema der Registrierung von Flüchtlingen auf, beziehungsweise die zeitweise nicht durchgeführte Registrierung. Diese nicht erfolgte Registrierung ist sicher ein Problem, hat aber grundsätzlich zunächst nichts mit der Zahl der Straftaten zu tun. Ist ein Mensch registriert, kennen wir zwar seine Personalien. Doch ob jemand ein Straftäter ist, das hat nicht das Geringste damit zu tun, ob derjenige Ali, Gustav oder Herbert heißt. Die genauen Personalien der Flüchtlinge haben wir ohnehin nicht, da die meisten ohne Pässe hier ankommen.

Viel wichtiger aber ist, dass wir mit den Menschen in Deutschland offen über die reale Situation sprechen. In Braunschweig haben wir die von uns ermittelten Zahlen an Straftaten durch Flüchtlinge und Straftätern unter den Flüchtlingen offengelegt. Wir haben auch mit den Bürgern im Stadtteil Kralenriede darüber gesprochen. Natürlich gibt es immer wieder Menschen, die sagen, dass sie uns beziehungsweise unseren Zahlen nicht trauen, andere lassen sich nicht davon abbringen zu glauben, dass wir nur Zahlen nennen, die uns von der Politik vorgegeben werden. Da kann man nur sagen, dass diese Menschen dann eben das glauben sollen, was sie glauben wollen. Von unserer Seite aber kann ich sagen, dass wir die Karten und damit die Zahlen offen auf den Tisch gelegt haben. Und diese Zahlen belegen eben, dass wir keine grundsätzlichen Probleme mit Flüchtlingskriminalität haben, sondern dass wir vielmehr ein Problem mit einer sehr großen Zahl an Menschen haben, die, aus welchen Gründen auch immer, nicht richtig untergebracht werden oder untergebracht werden können. Diese Menschen aber sollen in unsere Gesellschaft integriert werden, und wenn wir in diesem Zusammenhang nicht bald wirkliche Fortschritte erzielen, kann es dazu führen, dass wir in zehn Jahren dann doch ein wirkliches Problem in Zusammenhang mit Kriminalität durch zugewanderte Menschen haben werden.

Nun ist es leider so, dass sich Zahlen immer auch interpretieren lassen. Und sie lassen sich nicht nur interpretieren, sie werden leider immer wieder auch für politische Meinungsmache genutzt. Als wir zum Beispiel eine erste Bilanz der Sonderkommission im Rahmen einer Pressekonferenz präsentierten, ging es auch darum, dass wir in dem besonders betroffenen Stadtteil Kralenriede in bestimmten Bereichen einen Anstieg der Kriminalität um 46 Prozent feststellen mussten. Das hörte sich natürlich gewaltig an, und mancher nutzte diesen Wert dann auch öffentlich, ohne ihn in tatsächliche Relationen zu setzen. Als ich Gast in der erwähnten Talkshow von Anne Will war, holte der ebenfalls eingeladene AfD-Vertreter Armin Paul Hampel genau diese Prozentzahl hervor, um darauf hinzuweisen, dass ein derartiger Anstieg an Fällen ja alles andere als marginal sei für eine Stadt wie Braunschweig. Aber da irrte er. Gemeint war nicht die ganze Stadt, sondern der kleine Stadtteil Kralenriede.

Tatsächlich gab es gerade in Kralenriede einen deutlichen Anstieg an Wohnungseinbrüchen. Wir sind dem natürlich nachgegangen, die Täter wurden gefasst und sind mittlerweile, wie bereits dargelegt, rechtskräftig verurteilt worden. Was dann wieder zurück zu den ach so gigantischen 46 Prozent und den wahren Zahlen führt, die sich hinter diesem statistischen Wert verbergen. Wie schon erwähnt handelt es sich bei Kralenriede um einen sehr bürgerlichen und auch sehr ruhigen Stadtteil, der kaum durch Kriminalität auffällig war. Bislang kam es in Kralenriede alljährlich zu vielleicht sieben oder zehn Wohnungseinbrüchen. An dieser Stelle wird dann auch schon klar, was ein Anstieg um 46 Prozent bedeuten kann. Es handelt sich also nicht um eine gigantische Welle der Kriminalität, die über die ganze Stadt hereinbrach. Redet man von zuvor durchschnittlich zehn Einbrüchen, dann bedeutet ein Plus von 46 Prozent eben nur vier bis fünf Einbrüche mehr auf das Jahr gerechnet. Nun war es aber auf der anderen Seite auch so, dass das Plus von 46 Prozent bei der Kriminalitätsrate sich auf alle entsprechenden Bereiche bezog, und nicht allein auf die Einbrüche. Hätten wir nur diese Delikte erwähnt, wäre der statistische Wert für manchen Meinungsmacher sicher noch viel erschreckender gewesen, auch wenn er in der Realität noch immer deutlich weniger beeindruckend war. Tatsächlich nämlich schnellte die Zahl der Einbrüche von den zuvor jährlichen zehn nun auf rund 40 hoch. Einerseits eine Steigerung auf erstaunliche 400 Prozent, andererseits aber immer noch nur eine reale zusätzliche Fallzahl von 30 Einbrüchen, die wir wie gesagt aufklären konnten, sodass dort inzwischen wieder weitgehend Ruhe herrscht. Die Zahl der Wohnungseinbrüche bewegt sich damit wieder auf dem zuvor üblichen Level. Kriminalität gibt es also weiter dort, aber es ist eben nicht mehr die Größenordnung, die wir zu Beginn des Jahres 2015 dort hatten.

Dieses Nachlassen beziehungsweise diesen Rückgang der Fallzahlen bemerken wir inzwischen auch im Bereich des Ladendiebstahls. Dort war es ja auch zu einem Anstieg gekommen – und zwar nicht allein beim Diebstahl niedrigpreisiger Waren, sondern bei Dingen, die nicht selten mehrere Hundert Euro kosten. Ein Grund für den nun registrierten Rückgang ist sicher der, dass sich in der kleinen, aber auch sehr aktiven Gruppe der kriminellen Flüchtlinge inzwischen herumgesprochen hat, dass wir mit der Sonderkommission und unseren rechtlichen Mitteln sehr wohl durchzugreifen wissen. Anders gesagt: Wenn im Laufe des Jahres rund 40 000 Menschen zusätzlich in eine Stadt kommen, dann ist es normal, dass die Zahl der Delikte in einem gewissen Rahmen ansteigt. Es ist und war also zusammenfassend nie so, dass die Stadt bei uns regelrecht in der Kriminalität versunken ist. Das war nie auch nur annähernd der Fall. Inzwischen ist es vielmehr so, dass wir im Bereich des Raubes auf offener Straße etwa einen massiven Rückgang verzeichnen können, weil wir eben auch hier hart durchgegriffen haben.

Und weil es immer wieder um Zahlen geht, sage ich auch Folgendes: Wir haben mittlerweile 21 Verfahren mit Hauptverhandlungshaft durchgezogen. Mit dem Begriff Hauptverhandlungshaft bezeichnet man die im deutschen Strafprozessrecht festgehaltene Praxis, dass ein Angeklagter aufgrund eines Haftbefehls inhaftiert wird – damit er der anstehenden Verhandlung nicht aus irgendwelchen Gründen fernbleibt.

Die Staatsanwaltschaft und das Amtsgericht haben da sehr, sehr gut auf die Problematik reagiert. Weil man eben festgestellt hat, dass wir so etwas nicht einfach durchgehen lassen können. Mittlerweile haben wir daneben auch rund 20 Personen, die sich wegen etwas schwererer Delikte in Untersuchungshaft befinden. Insgesamt sind seit Gründung der Sonderkommission etwa 80 Personen festgenommen worden. Dabei muss ich aber noch einmal betonen, dass diese Zahlen immer in Relation zu den 40 000 zusätzlichen Menschen gewertet werden müssen, die im Jahr 2015 in die Stadt gekommen sind, wenn auch jeweils nur für meist einige Wochen oder Monate.

Nun ist es natürlich so, dass den einzelnen Bürger eine Statistik wenig interessiert, wenn er persönlich tatsächlich unter der Kriminalität durch Flüchtlinge zu leiden hatte. Da kann ich natürlich nicht hingehen und ihm sagen, dass etwa der Wohnungseinbruch bei ihm oder der Angriff auf ihn statistisch nur eine Marginalie darstellt. Diesem Bürger kann ich nur sagen, dass es sich um keine Marginalie handelt, und dass wir genau aus diesem Grund auch konsequent dagegen vorgehen.

VON MUNDRAUB BIS HAFTBEFEHL –
DIE ARBEIT DER SOKO

Kriminalhauptkommissar Torsten Heuer, Leiter der Soko

Unsere Arbeit besteht zu 70 oder 80 Prozent daraus, dass wir auf das reagieren, was wir geliefert bekommen. Die Kollegen vom Einsatz- und Streifendienst nehmen diese Anzeigen auf. Durch diese Anzeigenaufnahme haben sie seit Einrichtung der Soko sehr viel Mehrarbeit. Vor der Soko waren es noch nicht so viele zusätzliche Formulare, erkennungsdienstliche Behandlungen, Vernehmungen oder Berichte, die diese Kollegen fertigen mussten. Durch ihre zusätzliche Arbeit helfen sie uns aber ungemein, wobei sie wiederum miterleben, welche Erfolge die Arbeit der Soko erzielt. Früher wurden viele dieser Straftäter entlassen und haben die Kollegen teilweise auch nach der Entlassung frech angegrinst. Jetzt aber kommen einige dieser Straftäter in Haft, werden verurteilt und ich glaube, dass die Kollegen daher auch zufriedener sind. Also auf den Punkt gebracht. Ohne diese zeitintensive Arbeit vor Ort würden wir nicht so erfolgreich sein. Handelt es sich um eine Person aus dem Kreis der Flüchtlinge, bekommen immer wir den Fall. Dass wir selber observieren, wird inzwischen immer seltener. Die Gründe dafür sind einfach: Wir haben zu viel zu tun, und wir haben vor dem Hintergrund der großen Zahl an Fällen dann doch zu wenige Leute. Anfangs haben wir tatsächlich noch versucht, so eine Vorgehensweise einzuführen – zusammen mit der Fahndung und den Kollegen, die nachts unterwegs sind. Das haben wir aber schnell wieder abbrechen müssen, weil wir einfach nicht hinterhergekommen sind in der Massen-Bearbeitung unserer Fälle. Wir konnten es selber nicht mehr bewältigen, solche zusätzlichen Maßnahmen umzusetzen.

Es gab allerdings auch noch Fälle, in denen wir selber aktiv werden wollten. Diese Fälle wurden uns jedoch abgenommen. Weil es sich um organisierte Kriminalität handelte und die Vorgänge von einer Fachdienststelle übernommen wurden. Was schade ist, weil ich das gerne selber übernommen hätte. Es ging um die schon angesprochenen Gruppen aus dem Kaukasus, die gezielt klauen und ihr Diebesgut dann ins Ausland transferieren. Diese Leute verüben Wohnungseinbrüche oder klauen Smartphones, dann werden die Waren gesammelt und in großen Paketen ins Ausland geschickt. Diese Vorgehensweise ist im Grunde schon seit Jahren bekannt, nur hatten wir eben auch einen derartigen Fall und konnten den Verdächtigen zudem einen Einbruch nachweisen. Das hätte ich wirklich gerne übernommen und zwei Kollegen darauf angesetzt – was ist das für eine Person, wo kommen die geklauten Handys her, wohin will er sie verschicken?

Trotzdem ist es nicht immer so, dass wir nur auf die aktuellen Vorfälle reagieren. Fällt uns zum Beispiel auf, dass ein Täter schon mehrmals durch kleinere Delikte hervorstach, versuchen wir natürlich auch, für diese Person einen Haftbefehl zu bekommen. Dass diese Person also nachträglich festgenommen wird, dann in die Justizvollzugsanstalt kommt und nach zwei Monaten verurteilt wird. So etwas machen wir durchaus, und zwar immer in enger Zusammenarbeit mit der Staatsanwaltschaft. Aber es ist eben auch so, dass wir inzwischen so viele Vorgänge zu bearbeiten haben, dass die Kollegen gar nicht mehr rauskommen. Denn die Zahl der einfachen Straftaten wie Ladendiebstähle nimmt rapide zu. Hinzu kommen die erwähnten Schlägereien, von denen wir ebenfalls sehr viele haben. Da gibt es dann auch den Unterschied zwischen einfacher und schwerer Körperverletzung, der uns dabei immer wieder beschäftigt. Die einfache Körperverletzung bedeutet schlicht gesagt, dass die Kontrahenten sich einfach nur schlagen. Bei der schweren Körperverletzung geht es bis hin zu lebensbedrohlichen Vorgängen, bei denen immer wieder auch Waffen im Spiel sind – vom einfachen Holzstock bis hin zu Messern.

In dem Zusammenhang haben wir immer wieder sehr viele Festnahmen gehabt, nur mussten wir die Menschen dann häufig am nächsten Tag auch wieder entlassen, weil wir keine Zeugen mehr finden konnten. Es wird also beispielsweise abends um neun Uhr gemeldet, dass sich fünf Leute schlagen – einer davon mit einer Stange als Waffe. Die Kollegen nehmen diese bewaffnete Person fest. Wenn wir aber am nächsten Tag nach den vier Opfern suchen, finden wir die nicht mehr. Nicht, weil die nun die Aussagen verweigern oder sich an nichts mehr erinnern wollen. Es ist vielmehr einfach so, dass die Landesaufnahmebehörde, in der die Schlägerei war, hoffnungslos überfüllt ist. Dort leben auf engstem Raum inzwischen ja rund 3 500 Menschen – was es fast unmöglich macht, gezielt und erfolgreich nach Einzelnen zu suchen. Die Folge: Wir haben keine Zeugen, können dem Verdächtigen die Tat daher nicht nachweisen. Woraufhin der Staatsanwalt sagt, dass er die Person auch nicht anklagen kann. So etwas haben wir inzwischen bestimmt schon zehnmal gehabt, und es ist wirklich frustrierend.

Zudem geht es nicht nur darum, dass Zeugen in der Masse abtauchen. Es ist uns auch schon zugetragen worden, dass es zu Bedrohungen kommt. Nach dem Motto: Wenn du der Polizei etwas sagst, dann … Dem Zeugen wird gedroht, dass es wieder Theater gibt, wenn er bei der Polizei aussagt. Manchmal geht so etwas auch über eine rein verbale Drohung hinaus. Wir kennen Fälle, in denen Einzelpersonen zum Beispiel Schnittwunden an den Armen aufwiesen. Das kann als Zeichen dafür gewertet werden, dass derjenige darauf hingewiesen wurde, was ihn erwartet, wenn er sich wirklich bei uns zur Sache äußert. In den folgenden Tagen würde es dann nicht mehr bei leichten Verletzungen mit dem Messer bleiben – das ist die Message, die man damit vermitteln will.

Vieles, was in der Landesaufnahmebehörde geschieht, bekommen wir zudem gar nicht mit. So ist der Handydiebstahl untereinander dort an der Tagesordnung. Häufig kommt so etwas aber nicht zur Anzeige, weil die Beteiligten solche Dinge unter sich regeln.

Was in dem Zusammenhang noch zu erwähnen ist: Reden wir von Flüchtlingskriminalität, dann reden wir von männlichen Tätern. Frauen sind hier die absolute Ausnahme, beziehungsweise sie werden gar nicht auffällig. Mir persönlich ist kein einziger Fall bekannt, in dem eine Frau verdächtigt wurde.

Dass Frauen Opfer werden, kommt dagegen durchaus vor. Dabei geht es häufig um sexuelle Belästigung und auch um Vergewaltigungen. Ich persönlich erinnere mich an einige derartige Fälle. Der erste war eine sexuelle Nötigung im Zelt. Es ist also ein Flüchtling an das Bett einer Frau gegangen, nachdem er sie vorher schon verbal sexuell angemacht hatte. Dann aber hat er sich zu ihr gelegt, und ihr unmissverständlich durch Gesten und Zeichen zu verstehen gegeben, was er von ihr wollte. Er hat sie unter anderem an der Brust berührt, während er in der anderen Hand einen Schlagring hielt. Die Frau konnte rechtzeitig schreien und der Täter flüchtete, bevor es tatsächlich zu weiteren sexuellen Handlungen kam. Wir haben die Frau noch in der Nacht vernommen, und für uns war es eindeutig, dass es sich um eine versuchte schwere sexuelle Nötigung handelte. Der Täter konnte ausfindig gemacht werden und kam schließlich in Untersuchungshaft. Nur wollte der Richter die Frau dann am nächsten Tag noch einmal vernehmen, um sich den Verdacht bestätigen zu lassen. Das Problem an der Sache: Die Frau war inzwischen schon verschubt, wie es bei uns heißt. Sie befand sich also nicht mehr in der Landesaufnahmebehörde, sondern war bereits an einen anderen Aufenthaltsort gebracht worden.

Wir mussten nun also die Frau in Zusammenarbeit mit der Behörde wieder zurück nach Braunschweig holen. Sie wurde in einem Hotel untergebracht und am kommenden Tag richterlich vernommen. Diese Vernehmung wird nicht etwa aus dem Grund durchgeführt, dass eine spätere Haupthandlung etwa daran scheitert, dass das Opfer zum Bespiel durch Drohungen doch noch einknickt und seine ursprüngliche Aussagen widerruft. Es geht vielmehr darum, dass wir die Person nach all den Monaten einfach nicht mehr finden könnten. Da gibt es unzählige unterschiedliche Szenarien: Vielleicht ist das Opfer inzwischen doch wieder in die Heimat zurückgekehrt, vielleicht versteckt es sich auch irgendwo an einem unbekannten Ort. Im konkreten Fall wurde der Täter im Januar 2016 rechtskräftig verurteilt, und zwar zu zwei Jahren und vier Monaten Haft.

Eine Frage, die in diesem Zusammenhang häufig gestellt wird, ist die, wo denn ein verurteilter Straftäter beziehungsweise Flüchtling seine Strafe tatsächlich absitzt. Ob er sie vollständig hier verbüßt oder ob er in seine Heimat überstellt wird. Die Antwort darauf lautet, dass es immer auch auf die Nationalität des Einzelnen ankommt. Es kann zum Beispiel sein, dass der Inhaftierte nach der Hälfte der zu verbüßenden Zeit in seine Heimat abgeschoben wird und den Rest der Haftzeit dort verbüßt. Kommt er allerdings aus einem der Länder, die diese Flüchtlinge nicht wieder aufnehmen, verbüßt er seine Strafe vollständig hier bei uns. Gemeint sind damit speziell einige nordafrikanische Nationen.

Redet man von Flüchtlingskriminalität, muss man aber abgesehen von solchen Fragen immer auch unterscheiden, um welche Art von Kriminalität es sich handelt. Zum Beispiel bei den Ladendiebstählen, die uns als Soko immer wieder beschäftigen, handelt es sich oft nicht um einen Diebstahl im eigentlichen Sinne, sondern vielmehr um Mundraub. Das macht tatsächlich die Masse der Fälle aus, und dabei unternehmen wir dann nicht viel. Wir haben mit der Staatsanwaltschaft abgesprochen, dass wir in solchen Fällen keine Vernehmungen durchführen. Klaut also jemand beim ersten Mal eine Flasche Wasser oder eine Cola, wird das Verfahren eingestellt, derjenige wird also nicht bestraft. Das ist aber nicht nur bei Flüchtlingen so, sondern auch bei Deutschen, bei Italienern – bei allen.

Anders verhält es sich bei denjenigen Flüchtlingen, die sich in die Innenstadt aufmachen, um dort zu stehlen. Die Ladendiebstähle, die in den Bereich Mundraub fallen, finden meist auch im Umfeld der Landesaufnahmebehörde im Stadtteil Kralenriede statt. Die anderen Diebstähle finden in der Innenstadt in den Kaufhäusern und Geschäften statt – und diese Täter können wir dann auch in Haft bekommen. Dort werden nämlich nicht nur Wasserflaschen oder Vergleichbares entwendet. Geklaut werden vielmehr Kleidungsstücke in allen möglichen Größen. Und zwar nicht für den Eigenbedarf, sondern einzig zu dem Zweck, diese Kleidung wieder zu verkaufen. Es geht den Tätern also vor allem darum, durch das Klauen ihren Lebensunterhalt verdienen zu können. Wer also ein halbes Dutzend T-Shirts in Größen von XS bis XL stiehlt, macht das nicht, um diese Stücke dann auch zu tragen, sondern um sie wieder zu verkaufen.

Dieses Verkaufen hat allerdings recht unterschiedliche Formen. Die Flüchtlinge aus dem Kaukasus etwa verschicken ihr

Diebesgut, andere Flüchtlingsgruppen verkaufen die Stücke direkt an andere, zum Beispiel in der Landesaufnahmebehörde. Es gibt auch Fälle, in denen die Waren auf Flohmärkten angeboten werden, andere finden Abnehmer zum Beispiel im Rotlichtmilieu. Dort also, wo sich Straftäter klassischerweise treffen.

Wirklich hochwertige Stücke bei dem Diebesgut sind allerdings, nach allem, was wir wissen, die Ausnahme. Bei den Fällen, die uns bekannt werden, geht es um Beute im Wert bis zu 300 oder auch mal 1000 Euro – wobei es sich um den Gesamtwert des Diebesgutes handelt, und nicht um den Wert einzelner Stücke. Es werden natürlich häufig Waren wie Handys geklaut, vor allem aber geht es um die besagten Kleidungsstücke. Da liegt natürlich die Vermutung nahe, dass die Diebe wissen, dass ihnen solche Waren von ihren Kumpels und anderen Flüchtlingen besonders gern abgenommen werden.

Viele dieser Kriminellen gehen nach ihrer Ankunft bei uns auch sehr schnell, sehr gezielt und sehr professionell vor. Wir kennen Fälle, in denen Einzelne sich bereits erwähnte spezielle Diebestaschen angefertigt hatten, kurz nachdem sie in Deutschland angekommen waren.

Treffen wir auf Täter mit solchen Taschen, dann ist das natürlich auch ein Hinweis auf die kriminelle Energie, die hinter so einem Fall steckt. Niemand kleidet schließlich aus Langeweile eine Einkaufstasche mit Aluminiumfolie aus. Wer so etwas macht, der will damit unbemerkt klauen. Solche Personen können sich natürlich auch nicht auf Mundraub berufen, wenn sie »rein zufällig« einen Schokoriegel in der präparierten Tasche verschwinden lassen. Für uns ist so etwas nichts anderes als überlegtes kriminelles Handeln.

Das Problem, die Polizei und die Suche nach der Lösung

Das Problem, das wir derzeit in Deutschland haben, lässt sich durch Polizei ohnehin nicht lösen. Polizei konnte noch nie gesellschaftliche Probleme lösen, das muss einmal ganz deutlich gesagt werden. Die Polizei arbeitet an den Symptomen, auch andere Stellen arbeiten an den Symptomen. Die Schwierigkeit besteht allerdings darin, an die wahren Ursachen heranzukommen.

Eines der größten Probleme, das auf uns als Gesellschaft zukommen kann, ist eine Ghettoisierung der Flüchtlinge in der Form, dass wir sie gehäuft in großen Einrichtungen oder einigen wenige Stadtteilen unterbringen. Genau das war nämlich in den späten Achtziger- und frühen Neunzigerjahren ein wesentlicher Ursprung für Probleme, mit denen wir heute immer noch kämpfen. Damals hatten wir den Libanonkrieg, und auch zu jener Zeit kamen Hunderttausende von Flüchtlingen zu uns nach Deutschland. Was hat man mit ihnen gemacht? Man hat sie in bestimmte Stadtteile gepackt und sie weitgehend sich selbst überlassen. Heute wundert man sich nun auch in großen Städten, dass sich diese Stadtteile inzwischen vollkommen verselbstständigt haben. Genau das aber darf nicht noch einmal geschehen. Genau deswegen orientiere ich mich nicht allein an der Vergangenheit, sondern beschäftige mich damit, wie so etwas in Zukunft vermieden werden kann.

Ich halte daher den Weg für sehr richtig, den unter anderem die Stadt Braunschweig eingeschlagen hat. Ich bin sehr froh darüber, dass der Rat der Stadt eine Entscheidung getroffen hat, die kurz gesagt so lautet, dass man in Zukunft keine Massenunterkünfte für die Menschen mehr errichten will. Stattdessen setzt man auf kleinere Einrichtungen, von denen wiederum die größte geplante Unterkunft Wohnraum für etwa 400 Menschen bietet. Man plant also nicht mehr mit Unterkünften für Tausende, sondern wird mit wesentlich kleineren Zahlen arbeiten. Klein bedeutet, dass es auch Gemeinschaftsunterkünfte geben wird, in denen 50 bis maximal 100 Flüchtlinge untergebracht werden sollen. Außerdem werden diese Unterkünfte nicht irgendwo am Stadtrand errichtet, sie werden vielmehr in bestehende Wohnviertel integriert. Das ist ein recht hoher Aufwand, aber die Stadt macht sie diese Mühe, weil sie eben aus den Fehlern der Vergangenheit gelernt hat, und diese nun nicht wiederholen will.

MIT BESCHLEUNIGTEM VERFAHREN UND NIE OHNE DOLMETSCHER

Polizeioberkommissar Jörn Memenga,
stellvertretender Soko-Leiter

Es gibt bei unserer Arbeit im Grunde keinen Unterschied zu herkömmlicher Kripoarbeit. Abgesehen davon, dass viele Details dann doch alles ganz anders machen. Grundsätzlich machen wir die gleiche Arbeit wie alle ermittelnden Beamten bei der Kripo. Wir bekommen einen Vorgang, versuchen den aufzuklären und ihn dann an die Staatsanwaltschaft abzugeben. Es geht um Vernehmungen, um Ermittlungen, um Ideen, wie wir einen Täter fassen – und natürlich immer auch um die Frage, ob der Verdächtige es wirklich war. Der einzige Punkt, in dem sich die Arbeit unterscheidet, ist der, dass wir als Straftäter eben ausschließlich Asylbewerber haben.

Das führt allerdings zu einem weiteren merklichen Unterschied: Wir führen Vernehmungen ausschließlich mit der Unterstützung von Dolmetschern durch. Das macht diese Vernehmungen natürlich auch ausgesprochen zeitaufwändig. Nimmt man einen identischen Fall und die Vernehmung eines deutschsprachigen Verdächtigen als Vergleich, dann dauert die Vernehmung eines Asylbewerbers ohne Deutschkenntnisse mindestens doppelt so lange. Wobei die Betonung auf dem Wort mindestens liegt. Ich muss eine Frage stellen, der Dolmetscher muss sie übersetzen, der Beschuldigte antwortet in seiner Sprache dem Dolmetscher, der mir wiederum diese Antwort übersetzt. Vernehmungen in einem Zeitrahmen unter einer oder zwei Stunden sind im Grunde gar nicht möglich. Redet man dagegen die gleiche Sprache, zieht sich so eine Vernehmung vielleicht eine halbe oder maximal eine Stunde hin.

Daneben gibt es zudem noch einen weiteren großen Unterschied zu herkömmlicher Polizeiarbeit. Denn normalerweise gibt es bei der Polizei keine Dienststelle, die alles bearbeitet. Da gibt es dann eben eine Dienststelle für Raub-, eine andere für Einbruchsdelikte, es gibt eine Dienststelle für Mord- und Brandermittlungen und so weiter und so fort. Wir dagegen machen alles zusammen. Hinzu kommt, dass wir sehr viele Haftsachen haben. Wenn ein Asylbewerber festgenommen wird, hat er aus der Warte der Strafprozessordnung ja keinen festen Wohnsitz. Was bedeutet, dass so ein Mensch eher eingesperrt wird als jemand, der einen festen Wohnsitz hat. Ein Beispiel: Entwendet ein deutscher Staatsbürger Schuhe im Wert von 300 Euro, wird er nicht eingesperrt. Denn wenn es zur Hauptverhandlung kommt, können wir diesem Menschen eine Vorladung zukommen lassen, eben weil wir wissen, wo er seinen Wohnsitz hat. Bei den Asylbewerbern dagegen ist es von uns so festgelegt worden, dass diejenigen hier in der Stadt, die in der Landesaufnahmebehörde untergebracht werden, keinen festen Wohnsitz im Sinne des Meldegesetzes haben. Die Landesaufnahmebehörde gilt nicht als fester Wohnsitz. Dahinter verbirgt sich der Umstand, dass viele der Menschen, die dort untergebracht sind, ja nach einer gewissen Zeit an andere Orte überstellt werden – und auch das Problem, dass es immer wieder Fälle gibt, in denen einzelne Personen einfach untertauchen und somit nicht mehr greifbar sind. Sie bekommen also beispielsweise einen Fahrschein, um sich auf den Weg in eine andere Stadt zu machen. Nur kommen sie dort dann nie an. Ob jemand dort ankommt oder eben nicht, wird zudem nicht in allen Fällen von der Landesaufnahmebehörde überprüft. Weil so etwas bei der Masse der Menschen gar nicht mehr möglich ist.

Bei Abschiebungen verhält es sich ähnlich. Wer abgeschoben werden soll, wird nicht festgenommen. Er bekommt vielmehr die Ansage, dass er zum Beispiel am nächsten Morgen um acht Uhr an einem bestimmten Ort warten soll, an dem er von einem Polizeiwagen abgeholt und dann zum Flughafen gebracht werden soll. Steht er jedoch nicht am verabredeten Ort, dann fahren die Kollegen in der Regel unverrichteter Dingen wieder davon. Das ist natürlich ein Problem, und ich persönlich würde solche Fälle auch lieber anders, in meinen Augen einfach pragmatischer handhaben. Und zwar indem ich die betreffende Person nach der Benachrichtigung auch wirklich festhalte und gegebenenfalls in Gewahrsam nehme, damit ich sie habe. Nur so dürfte sich eine festgesetzte Abschiebung auch durchführen lassen. Nur lässt das unser Rechtssystem mit derzeitigem Stand nicht zu, das in solchen Fällen vielleicht in manchen Teilen zu locker ist und überarbeitet werden müsste. Dazu muss man sagen, dass ich denke, unser Rechtssystem ist auf diese aktuelle Situation gar nicht eingestellt. Grundsätzlich jedenfalls. Es gibt aber inzwischen auch Fortschritte. Hier in Braunschweig haben wir mit der Justiz zum Beispiel abgesprochen, dass das sogenannte beschleunigte Verfahren angewendet wird. Diesen Begriff möchte ich noch etwas ausführlicher erläutern, um ihn verständlich zu machen.

Hinter dem beschleunigten Verfahren verbirgt sich der Paragraph 127 b der Strafprozessordnung. Er gilt für Personen ohne festen Wohnsitz, für durchreisende Ausländer und eben für Obdachlose. Das sind die drei Personengruppen, bei denen die größte Gefahr besteht, dass sie nicht zu einer Hauptverhandlung erscheinen und man sie nicht erreichen kann. Denn auf eine begangene Straftat folgt schließlich auch ein Gerichtsverfahren, bei dem der Beschuldigte anwesend sein soll. Begeht nun eine Person aus dieser Klientel eine Straftat von einer gewissen Bedeutung, kann man sie im Rahmen des beschleunigten Verfahrens auch einsperren. Eine Voraussetzung dafür ist, dass die Person auf frischer Tat ertappt wurde. Beispielsweise also ein Asylbewerber, der im Laden etwa ein Paar Schuhe und eine Jacke im Wert von 300 Euro klaut und dabei erwischt wird.

In so einem Fall kommt hinzu, dass diese Personen ihre Post gar nicht erhalten oder sie nicht abholen. Außerdem ist es immer wieder ein Problem, dass wir Einzelne gar nicht mehr finden, weil wir einfach nicht wissen, an welchem Ort sie sich aufhalten, nachdem sie in eine andere Kommune »verschubt« wurden oder vielleicht sogar in der Illegalität verschwunden sind. Genau für diese Fälle ist besagter Paragraph gemacht. Im Rahmen des beschleunigten Verfahrens kann ich die betreffende Person in Absprache mit der Staatsanwaltschaft einsperren. Wir regen also an, dass die Staatsanwaltschaft bei dem zuständigen Amtsgericht einen Antrag auf Haftbefehl zur Hauptverhandlungshaft stellt. In der Regel stimmt die Staatsanwaltschaft dem zu, sodass der Verdächtige noch am selben oder aber am nächsten Tag einer Richterin oder einem Richter vorgeführt werden kann. Im Rahmen der richterlichen Vorführung wird der Verdächtige noch einmal angehört, bevor schließlich der Haftbefehl verkündet wird.

Der Verdächtige bleibt dann bis zu sieben Tage lang in der Justizvollzugsanstalt. Bis zu diesem siebenten Tag muss die Hauptverhandlung stattfinden, in der es in der Regel zu einer Verurteilung kommt. Das alles beschreibt in Kurzform das beschleunigte Verfahren. Dass dieses Verfahren lange Zeit nicht angewendet wurde, hängt auch damit zusammen, dass es eben sehr zeitintensiv für die Polizei, die Staatsanwaltschaft und vor allem auch für das Gericht ist. Das muss nämlich in besagten sieben Tagen zum Beispiel einen Saal für die Verhandlung finden, außerdem noch eine Richterin oder einen Richter und auch die Schöffen. Notfalls gilt es außerdem noch, in der Kürze der Zeit und sofern es von dem Verdächtigen gewünscht ist, einen Rechtsanwalt ausfindig zu machen. Das alles macht die Sache sehr schwer, weil zumindest in Braunschweig die zuständige Richterschaft ebenfalls überlastet ist. Trotzdem kommt bei uns das beschleunigte Verfahren inzwischen recht häufig zur Anwendung. Seit Gründung der Soko im August 2015 hatten wir schon 21 solcher Fälle. Das ist eine sehr hohe Zahl, wenn man diese mit anderen Fachkommissariaten vergleicht.

Der Unterschied zu den Untersuchungshaftbefehlen besteht darin, dass bei der sogenannten U-Haft eine wirklich schwere Tat vorliegen muss, ein schwerer Raub oder eine Vergewaltigung beispielsweise. Solche Verdächtigen sitzen schon mal bis zu sechs Monate in Untersuchungshaft. Denn wenn wir so einen Verdächtigen freilassen würden, wäre die Wahrscheinlichkeit sehr hoch, dass er verschwindet und untertaucht. Eben weil sie eine Strafe von mindestens einem oder zwei Jahren zu erwarten haben – manchmal auf Bewährung, meistens aber ohne Bewährung. Um nur eine Zahl in diesem Zusammenhang zu nennen: 19 U-Haftbefehle konnten durch die Soko in Zusammenarbeit mit der Staatsanwaltschaft und dem zuständigen Amtsgericht seit August letzten Jahres vollstreckt werden.

Natürlich geht nicht immer alles glatt und auch beim beschleunigten Verfahren kommt es immer wieder einmal zu Problemen. Vor nicht allzu langer Zeit mussten wir zum Beispiel einen Verdächtigen frühzeitig entlassen. Der Grund: Die Richterin konnte ihn nicht verurteilen, weil sie in den nächsten sieben Tagen keinen Termin bekommen konnte. Bei dem

Mann handelt es sich weder um einen Mörder noch um einen Terroristen, aber durchaus um eine Person, die mit Ladendiebstahl und Körperverletzungen aufgefallen war. Ich habe mich sehr über diese Tatsache geärgert. Auch wurden Gespräche mit der zuständigen Richterin geführt. Letztlich konnte sie aber nichts machen. Sie hatte keinen Saal für die Verhandlung und auch schlichtweg keine Zeit; einen Richter, der den Fall hätte übernehmen können, gab es ebenfalls nicht – also blieb uns nichts anderes übrig, als den Mann wieder zu entlassen. So etwas ist für mich ein regelrechter Rückschlag. Nicht nur bei mir, sondern auch bei der ganzen Sonderkommission wirkt eine solche Entscheidung natürlich nach, ist demotivierend. Schnell kamen dann von den Kollegen auch die Sprüche, die einfach kommen mussten – wie etwa »dann brauchen wir ja gar nicht mehr zu arbeiten«. Denn in so einem Fall steckt ja auch unfassbar viel Arbeit. Wir haben den Mann mehr als zwei Stunden lang vernommen, der Staatsanwalt hat mitgespielt und seine Sache ebenfalls sehr gut gemacht. Aber manchmal hilft all das nichts.

2015: das Jahr, die Flüchtlinge, die Krise

Das Jahr 2015 stand von Beginn an im Zeichen der Flüchtlingskrise. Eine kurze Zusammenfassung der Ereignisse:

> **Januar:**
> Das Bundesamt für Migration und Flüchtlinge erklärt, dass im ersten Monat des Jahres 25 042 Asylanträge gestellt wurden. Die Vereinten Nationen berichten von 220 000 Menschen, die durch den Konflikt in Syrien

ums Leben gekommen sind, 3,8 Millionen Syrer seien bereits aus dem Land geflüchtet.

Februar:
Unzählige Menschen verlassen ihre Heimat auf der lebensgefährlichen Route über das Mittelmeer. Allein am 8. Februar starben rund 300 Frauen, Kinder und Männer beim Versuch der Flucht mit Schlauchbooten. IS-Terroristen veröffentlichen im Februar ein Video – es zeigt, wie ein jordanischer Militärpilot bei lebendigem Leib verbrannt wird.

März:
Laut späteren Berichten wurde die deutsche Regierung schon im März von der EU-Grenzschutzagentur Frontex auf rapide steigende Flüchtlingszahlen hingewiesen. Die irregulären Grenzübertritte von der Türkei nach Griechenland seien im Vergleich zum Vorjahr um 550 Prozent gestiegen.

April:
Binnen nur einer Woche sterben etwa 1 200 Flüchtlinge im Mittelmeer vor der libyschen Küste. Die EU verdreifacht daraufhin das Budget für ihre Mittelmeermissionen auf neun Millionen Euro im Monat.

Mai:
Das Bundesamt für Migration und Flüchtlinge erhöht seine Prognose für die Zahl der erwarteten Asylanträge im Jahr 2015 um 100 000 auf nun 400 000.

Juni:
Ungarn schließt seine Grenze zum nicht zur EU gehörenden Serbien. Die europäischen Staats- und Regierungschefs einigen sich auf eine freiwillige Verteilung von 40 000 Flüchtlingen aus Italien und Griechenland auf andere EU-Staaten.

Juli:
Vom französischen Calais versuchen rund 3 000 Flüchtlinge durch den Eurotunnel nach Großbritannien zu gelangen. Binnen zwei Monaten kommen dabei zehn Menschen ums Leben.

August:
An einer Autobahn im österreichischen Burgenland wird ein Kühllaster mit den Leichen von 71 Flüchtlingen aufgefunden. Das Bundesamt für Migration und Flüchtlinge erklärt, dass syrische Flüchtlinge nicht mehr in andere EU-Staaten zurückgeschickt würden. Bundeskanzlerin Angela Merkel sagt während ihrer Sommer-Pressekonferenz: »Wir haben so vieles geschafft, wir schaffen auch das.«

September:
Binnen weniger Wochen kommen mehrere Zehntausend Flüchtlinge nach Österreich und Deutschland. Erst nach langen Verhandlungen kann sich die EU auf eine Quote zur Verteilung der Flüchtlinge aus Italien, Griechenland und Ungarn einigen.

Oktober:
Ungarn schließt die Grenzen zu Slowenien, Kroatien und Serbien. Tausende Migranten reisen nun über Kroatien und Slowenien direkt nach Österreich und Deutschland weiter. An Grenzübergängen kommt es zu chaotischen Szenen. Ende des Monats stürzt ein russisches Passagierflugzeug über der ägyptischen Sinai-Halbinsel ab, der sogenannte Islamische Staat bekennt sich zum Anschlag auf die Maschine.

November:
Am 13. November sterben bei Anschlägen in Paris 130 Menschen. Die Attentäter bekennen sich zum Islamischen Staat. Im Rahmen der Kampfhandlungen in Syrien schießen türkische Flugzeuge einen russischen Bomber ab.

Dezember:
Bis zum Ende des Jahres werden mehr als eine Million Flüchtlinge nach Deutschland gekommen sein. 441 899 Erstanträge auf Asyl werden laut dem Bundesamt für Migration und Flüchtlinge gestellt – das entspricht einem Anstieg um 155,3 Prozent im Vergleich zum Vorjahr.

KAUM NACHVOLLZIEHBARE FEHLER
BEI DER AUFNAHME

Wir haben es in der Bundesrepublik derzeit mit unterschiedlichen Phänomenen zu tun. Man muss dabei zunächst einmal unterscheiden zwischen den Aufnahmestellen, wo erst einmal alle Menschen hinkommen, die unser Land betreten, um dann von der Zentralbehörde in Nürnberg an verschiedene Orte beziehungsweise Standorte verwiesen zu werden. Dort werden sie dann schließlich registriert und weitergeleitet.

Das Problem, das wir im Moment haben, und das wir als Polizisten und Polizistinnen überhaupt nicht nachvollziehen können, ist, dass es in diesem Flüchtlingsstrom eine Phase gegeben hat, während der Tausende und Abertausende vollkommen unregistriert ins Land gekommen sind. Da muss man sich wirklich fragen, welcher Teufel in diesen Momenten die Politik geritten hat. Es wird seitens der Politik argumentiert: »Ja, hätten wir sie an der Grenze stehen lassen sollen?« Natürlich nicht, aber dann wäre es zwingend gewesen, sie bis zur Registrierung gemeinsam hier in Deutschland unterzubringen. So ist eine Vielzahl von Menschen in diesem Zug einfach untergetaucht oder ganz woanders hingefahren und wir müssen jetzt zusehen, wie wir diese notwenigen Maßnahmen zur Erfassung retrograd durchführen.

Vor einiger Zeit hat es zu dieser Thematik auch eine Mitteilung der Mitarbeiter des BAMF gegeben, also des Bundesamtes für Migration und Flüchtlinge. Diese Mitarbeiter sind darin mit ihrem Dienstherren böse ins Gericht gegangen. Der Tenor lautete ungefähr: Das was ihr hier macht, entspricht nicht mehr den geltenden Gesetzen. Man habe keine ordnungsgemäß durchgeführten Asylverfahren mehr. Denn teilweise wurden die Leute nicht mehr nur nicht erkennungsdienstlich behandelt, man wisse vielmehr im Grunde gar nicht, mit wem man es zu tun habe.

Das ist eine Situation, die teilweise flächendeckend auf die Bundesrepublik zutrifft. Das wird man nun nachzuarbeiten haben.

Richtig wäre: Wenn jemand einen Asylantrag stellt, muss er sich erkennungsdienstlich behandeln lassen. So sehen die Gesetze das auch vor. Das ist eine Voraussetzung dafür, dass eine Person ein Bleiberecht und eine Duldung bekommt. Genau das wurde aber eben über einen gewissen Zeitraum nicht gemacht. Sodass man nun verzweifelt versucht, aller in der Zwischenzeit durch die Maschen geschlüpften Menschen wieder habhaft zu werden. Was aber wiederum nicht möglich ist. Mir haben Kollegen aus Nord- und auch aus Süddeutschland berichtet, dass zum Beispiel in verschiedenen Fällen die Ankunft von 500 Flüchtlingen avisiert war, tatsächlich aber nur 300 Personen ankamen. Da stellt man sich die Frage, wo denn der Rest geblieben ist. Eine wirkliche Antwort allerdings gibt es nicht auf diese Frage. Denn aktuell haben wir überhaupt keinen Überblick darüber, wer inzwischen wo ist. Das wird sich sicherlich erst in den kommenden ein oder zwei Jahren feststellen lassen, wenn man die Vorgänge oder Vorfälle einmal wirklich genauer untersucht. Wir haben phasenweise also tatsächlich den Überblick über die Flüchtlingswelle und ihre weiteren Wege in Deutschland verloren.

Auf die Frage, ob diese Flüchtlinge untergetaucht sind, gibt es ebenfalls keine eindeutige Antwort. Sicher sind manche in dem Sinne untergetaucht, dass sie bei Verwandten oder Freunden aus der Heimat untergekommen sind.

Das zeigt sich auch häufig, wenn man etwa mit den Kollegen der Bundespolizei spricht. Die meisten Flüchtlinge – insbesondere aus dem irakischen oder kurdischen Bereich – kommen nach Deutschland nämlich mit sehr klaren Vorstellungen davon, wo sie hier im Land hingehen wollen. Weil sie eben nicht selten Familienangehörige in Europa haben. Bei den Nord- und Zentralafrikanern verhält es sich ähnlich. Auch die haben den einen oder anderen Kontakt in Europa, und sie versuchen natürlich, dorthin zu gehen.

Ich möchte noch einmal den Bogen schlagen zurück in die Zeit der Neunzigerjahre. Damals gab es ja eine sehr ähnliche Situation. Aus der sich dann allerdings eine interessante Entwicklung ergeben hat.

Damals hat man die Menschen eben einfach auf Kommunen verteilt, nachdem man ihren Fall bearbeitet hatte. In diesen Kommunen hat sich dann eine gewisse ethnische Community entwickelt. Daraus gingen wiederum die Clans hervor, mit denen wir es heute in Deutschland zu tun haben. Ich rede von den Clans in Berlin, in Bremen, in Hamburg oder auch von denen, die hier in der Nähe in Salzgitter oder Peine leben.

Es sind also viele verschiedene Orte, an die man damals ethnische Minderheiten einfach hingebracht hat. Man hat sich kaum weiter um die Menschen gekümmert, sondern ihnen mehr oder weniger gesagt, dass sie an diesem Ort bleiben können und nicht abgeschoben werden.

Eine wesentliche Forderung von uns als Bund Deutscher Kriminalbeamter lautet daher, dass man diesen Fehler nicht wiederholen darf. Wir müssen uns um die Menschen kümmern, die hier bei uns bleiben wollen und sollen. Mit kümmern meine ich, dass sie unsere Sprache lernen müssen, und dass sie sich auch unseren Regularien anpassen. Auch die Frauen müssen die Sprache lernen, und die Kinder müssen in die Schule gehen. Vernachlässigen wir das erneut wie schon in den Neunzigerjahren, dann haben wir in 20 Jahren wieder eine ähnliche Situation, die dann wieder solche Probleme aufweist wie wir sie derzeit unter anderem in Berlin haben. Dort gibt es ganze Stadtteile, die sich von der deutschen Gesellschaft abgespalten haben. So etwas kann einfach nicht richtig sein.

Eine weitere Frage in diesem Zusammenhang ist die, ob es vielleicht schon wieder zu spät ist, wenn aktuelle Flüchtlinge bereits in die besagten bestehenden Communitys eingesickert sind. Dort sind sie dann nach außen hin im Grunde abgeschottet und bewegen sich in einem Raum, zu dem Außenstehende und Behörden kaum einen Zugang haben. Das ist ein sehr großes Problem, vor dem wir stehen. Spricht man es allerdings gegenüber Politikern an, wird es mehr oder weniger abgetan oder vollkommen ignoriert.

Auch insgesamt ist die Diskussion, die wir führen, doch immer noch sehr oberflächlich. Wir machen uns zum Beispiel immer wieder Gedanken über die Unterbringung der Flüchtlinge. Die Unterbringung allein ist jedoch letztendlich nicht entscheidend. Auch wenn wir jetzt sehr viele Personen haben, die nachziehen. Die Frage lautet vielmehr, wo wir sie hinbringen, und vor allem: Was machen wir dann? Diese Frage nach dem Danach ist überhaupt noch nicht beantwortet, aus dem einfachen Grund, weil sie überhaupt noch nicht ausreichend gestellt wurde.

Einige Kommunen fangen inzwischen zumindest schon damit an, die Kinder in die Kindergärten zu bringen. Aber so etwas ist nicht mehr als der sprichwörtliche Tropfen auf den heißen Stein. Denn wie inzwischen jeder wissen sollte, haben wir es nicht mit einer kleinen Gruppe von Menschen zu tun, sondern mit Hunderttausenden von Flüchtlingen. Wir brauchen also das, was der für die Unterbringung von

Flüchtlingen zuständige CDU-Politiker Peter Altmaier auch vor Kameras betonte, weil es genau das eben immer noch nicht gibt: Die Blaupause beziehungsweise einen Generalplan. Und den haben wir leider noch nicht. Jedes Bundesland murkst so vor sich hin. Das sind keine guten Aussichten, und das hat zunächst einmal nichts mit Kriminalität zu tun. Erst einmal handelt es sich um ein soziales Problem, aus dem sich allerdings irgendwann einmal Kriminalität entwickeln kann und vermutlich auch entwickeln wird.

Sexualdelikte gibt es, Massenvergewaltigungen gibt es nicht

Kriminalhauptkommissar Torsten Heuer, Leiter der Soko

Unter all den Fällen, mit denen wir es zu tun haben, gibt es immer einige, die besonders im Gedächtnis bleiben. Einer dieser Fälle geschah am 3. Oktober 2015. Mein Kollege hatte an jenem Wochenende Bereitschaftsdienst und aus dieser Bereitschaft ist dann morgens ab sieben Uhr ein 15-Stunden-Dienst geworden. Hintergrund war, dass eine versuchte Vergewaltigung stattgefunden haben sollte. Das Opfer sollte eine hilflose Frau gewesen sein, an der sich zwei Nordafrikaner vergehen wollten. Die beiden Beschuldigten hatten wir auch schon in Untersuchungshaft sitzen. Nur hatten wir zu diesem Zeitpunkt das Opfer nicht. Das war zwar vom Kriminaldauerdienst zu weiteren Untersuchungen beordert worden. Nur ist die Dame irgendwann wach geworden und hat sich selber entlassen. Ein Opfer kann man nicht gegen seinen Willen festhalten – entweder es will sich untersuchen lassen, oder es will genau das eben nicht.

Später stellte sich heraus, dass dieses Opfer 2,5 Promille Alkohol im Blut hatte. Die Dame ist außerdem stadt- und amtsbekannt als Teil der Trinkerszene. Es wurde ebenfalls festgestellt, dass die beiden beschuldigten Nordafrikaner ebenfalls Alkohol getrunken hatten. Und zwar auch nicht gerade wenig – jeder hat etwa sechs 0,5 Liter-Dosen Bier getrunken. Umgerechnet also drei Liter alkoholhaltige Getränke pro Person. Die beiden Männer berichteten, dass sie sich an besagtem Abend irgendwann getrennt hätten, worauf der Hauptbeschuldigte dann auf das Opfer getroffen sei. Als der zweite Mann hinzukam, habe man mit der Frau in gebrochenem Deutsch kommuniziert. Das alles führte die Gruppe schließlich in eine recht abgelegene Ecke in der Innenstadt, wo einer der Männer dann mit heruntergelassenen Hosen von Zeugen bemerkt wurde, und es zu einem Geschlechtsakt zwischen ihm und der Frau gekommen sein soll.

Bei den Zeugen handelte es sich um zwei sehr couragierte Frauen, die auch davon berichteten, dass der Mann mit heruntergelassen Hosen auf der Frau lag, an sein nacktes Gesäß konnten sich die Zeuginnen ebenfalls erinnern. Später haben Kollegen der Polizei dann noch schriftlich festgehalten, dass der Schambereich der Frau ebenfalls bloßlag. Zudem hätten die Zeuginnen von eindeutigen Bewegungen gesprochen, die auf einen Geschlechtsakt hindeuteten. All diese Details wurden dann auch der Staatsanwaltschaft vorgetragen, trotzdem ist es nicht zu einer Verhaftung der beiden Beschuldigten gekommen. Der Grund dafür bestand darin, dass man eben keine Aussage des Opfers über die Vorfälle oder auch vermeintlichen Vorfälle hatte. Die Frau konnte sich nämlich an absolut nichts mehr erinnern. Woran sicher die 2,5 Promille einen entscheidenden Anteil hatten.

Einige Tage später ist die Dame erneut bei uns eingeliefert worden, und wir haben sie uns dann auch greifen können. Sie konnte sich nun zumindest an mich erinnern, weil ich am Samstag zuvor mit ihr gesprochen hatte. Ich habe auf eine eher kumpelhafte Art das Gespräch mit ihr begonnen. Daraufhin hat sie mir im Grunde ihre komplette Lebensgeschichte erzählt, zu der auch gehörte, dass sie schon seit Jahren keinen Geschlechtsverkehr mehr mit ihrem Ehemann gehabt hat. Leider zählte zu der Lebensgeschichte aber weiterhin, dass sie sich an nichts mehr erinnern konnte, was sich in den ersten Stunden des 3. Oktober zugetragen hatte. Der vermutete Sex mit dem oder den Nordafrikanern hätte vor diesem

Hintergrund und bei diesen Erinnerungslücken auch einvernehmlich gewesen sein können. Was schlussendlich dazu führte, dass die beiden Beschuldigten auf freien Fuß kamen. Daran änderte auch die Tatsache nichts, dass sich der vermutete Haupttäter bei seinen Aussagen mehrfach widersprochen hat und sich seine Worte zudem nicht mit dem deckten, was die beiden Zeuginnen uns zu berichten hatten.

Ein anderer Fall war eine Vergewaltigung in der Nähe der Landesaufnahmebehörde. Bei allen Beteiligten handelte es sich um Flüchtlinge, die dort untergebracht waren. Als Erklärung sei angefügt, dass die Menschen auf dem Weg in die Einrichtung immer auch ein Waldstück passieren müssen. Genau an dieser Stelle haben zwei Männer eine 19-jährige Frau aus Afrika angegriffen und sie in den Wald gezerrt. Ein Freund der Frau hatte den Vorgang verfolgt und alarmierte sofort das Wachpersonal der Landesaufnahmebehörde, das umgehend damit begann, das Waldareal mit Taschenlampen abzusuchen. Zufällig traf zeitgleich auch ein Streifenwagen ein, der präventiv unterwegs war. Die Kollegen hörten Schreie einer Frau aus dem Wald, durchsuchten das Dickicht und trafen dort auch auf das Opfer. Einer der Beamten kümmerte sich um die Frau, der andere durchsuchte weiter den Wald – und stieß schließlich auf einen Mann, der sich gerade in einem Gebüsch verstecken wollte. Der zweite mutmaßliche Täter flüchtete. Weil der Kollege inzwischen aber auch bemerkt hatte, dass seine Funkverbindung abgebrochen war, tat er etwas, das Polizeibeamte in solchen Situationen immer tun: Er gab einen Signalschuss ab. Einen Schuss in die Luft also, mit dem derjenige auf seine Position aufmerksam macht und außerdem Verstärkung anfordert.

Der Mann, der sich im Gebüsch verstecken wollte, wurde festgenommen. Es handelte sich um einen 22-Jährigen, der wie das Opfer aus Afrika stammte. Der flüchtige zweite mutmaßliche Täter fiel wenig später den Wachleuten der LAB durch sein verdächtiges Verhalten auf. Der 18-Jährige wurde festgehalten und ebenfalls der Polizei übergeben.

Nach ersten Erkenntnissen hatten die beiden nur von der Frau abgelassen, da sie am Waldrand den Streifenwagen der Polizei bemerkten. Auf Antrag der Staatsanwaltschaft wurde dann ein Haftbefehl gegen den älteren der beiden Verdächtigen erlassen, und wir von der Sonderkommission haben die weiteren Ermittlungen übernommen.

Das Waldstück auf dem Weg zur LAB ist ohnehin immer wieder ein Thema. Es gibt Vermutungen, dass es dort vor allem nachts immer wieder auch zu Körperverletzungen komme. Außerdem gibt es regelmäßig Hinweise auf Drogenhandel. In der Innenstadt wurden inzwischen auch schon Flüchtlinge angetroffen, die Rauschgift bei sich trugen. Das ist zwar kein Beweis, dass die betreffenden Personen dealen – aber ein Hinweis darauf, dass Drogen durchaus ein Thema sind. Allerdings bisher ausnahmslos außerhalb der Landesaufnahmebehörde und nicht auf dem Gelände selbst. Es handelte sich außerdem immer um kleine Mengen an Rauschgift. Aber immerhin: Gerade einmal zwei Wochen hier und schon Rauschgift in den Taschen, das gibt einem dann schon zu denken. Denn wenn ich Marihuana mit mir herumtrage, muss ich ja auch wissen, wo ich es bekommen kann. Die Frage nach dem Wo lässt sich wiederum recht einfach beantworten. Die Quellen finden sich im Rotlichtviertel, in dem sich ohnehin viele Schwarzafrikaner bewegen, die nicht zur Klientel der LAB gehören, sondern die hier in Braunschweig Kokain verkaufen. Das ist ein hinlänglich bekannter Fakt. Das ist ein kriminelles Phänomen, das wir auch zu bekämpfen versuchen, das sich aber nicht so leicht eindämmen lässt.

Eine Vermutung ist, dass Flüchtlinge den Kontakt zu diesen Gruppen suchen – vor allem die, bei denen es sich um Landsleute handelt. Denn hier spricht man ja auch eine Sprache und kann sich daher ohne Schwierigkeiten miteinander verständigen.

Aber zurück zum Thema der Sexualdelikte beziehungsweise der sexuellen Übergriffe. Im Juni 2015, also noch bevor die Sonderkommission überhaupt eingerichtet wurde, kam es zu einem Überfall: Zwei Asylbewerber gingen auf eine Frau los, rissen sie vom Fahrrad und raubten ihr das Handy. Sie ahnten allerdings nicht, dass man ihnen schon längst auf den Fersen war. Denn die beiden Männer im Alter von 27 und 28 Jahren hatten zuvor bereits die Aufmerksamkeit von Zivilfahndern erregt, die ihnen auf ihrem Weg in Richtung Innenstadt folgten und sie observierten. Dabei verschwanden die beiden Verdächtigen immer wieder in Seitenstraßen, tauchten dann wenig später wieder auf. Nach einer Weile kamen die beiden Verdächtigen ebenso wie ihre Verfolger an einer Straßeneinmündung an, wo die Ampel gerade Rot zeigte. Vor der roten Ampel wartete eine Frau auf ihrem Fahrrad, was die beiden Männer wohl zu einem Plan bewegte. Sie stürzten auf die Frau zu, einer der Männer riss sie von ihrem Fahrrad und nahm sie in den Würgegriff, der andere war schon dabei, das Fahrrad an sich zu nehmen und sich auf den Sattel zu setzen. Nur hatten beide Täter eben nicht mit den Zivilbeamten gerechnet. Für die war jetzt endgültig der Punkt gekommen, an dem sie einschreiten mussten. Obwohl der ältere der beiden Täter erheblichen Widerstand leistete, konnten die beiden Männer überwältigt werden. Die Radfahrerin allerdings hatte bei dem Überfall Verletzungen erlitten und musste zur Behandlung in ein Krankenhaus transportiert werden. Die beiden Männer wurden sofort festgenommen. Anschließend wurde der von den Männern genommene Weg noch einmal genauer überprüft. Dabei stellte sich heraus, dass es an mindestens drei Autos frische Ein- oder Aufbruchspuren gab.

Inzwischen sind beide Täter verurteilt worden. Der eine zu zwei Jahren und zwei Monaten, der andere zu zwei Jahren und sechs Monaten. Dazu muss man wissen, dass es Bewährung nur bis zu einer Strafe von zwei Jahren gibt, die beiden Täter müssen ihre Strafe also tatsächlich absitzen.

Für Außenstehende mag es sich zunächst seltsam anhören, dass es derart harte Strafen dafür gibt, eine Frau von ihrem Fahrrad zu schubsen und ihr Handy zu entwenden. Tatsächlich sagt die kurze Zusammenfassung der Umstände aber nur wenig über die wahre Brutalität der Tat aus. Die Frau wurde nämlich nicht nur festgehalten, sondern auch gewürgt, und es stand durchaus zu befürchten, dass es zu einer Vergewaltigung hätte kommen können.

Das Problem mit den falschen Identitäten

Meine Kollegen haben in den vergangenen Kapiteln schon von einem der ganz großen Probleme berichtet, vor denen die Polizei bei ihrer Arbeit steht: Dass nämlich die Identität von Flüchtlingen nicht immer einwandfrei zu klären ist, und dass einige kriminelle Flüchtlinge die Lage gerade in den Hoch-Zeiten des Flüchtlingsstroms auch genutzt haben, um sich falsche Identitäten zuzulegen. Bei Flüchtlingen, die inzwischen schon x unterschiedliche und auch falsche Identitäten angenommen beziehungsweise angegeben haben, wird es für uns sehr schwer, deren eigentlich echte Identität festzustellen. Das funktioniert nur in Zusammenarbeit mit den Staaten, die wir als ihr ursprüngliches Herkunftsland vermuten. Eine andere Möglichkeit gibt es gar nicht.

Das ist ein weiterer Punkt, den wir seit Monaten vehement kritisieren. Dass nämlich der Bevölkerung suggeriert wird, dass die Menschen aus Deutschland herausfliegen, wenn sie sich hier nicht zu benehmen wissen. Erst einmal hat das Asylverfahren selber überhaupt nichts mit einer möglichen Strafbarkeit zu tun. Wenn sich ein Flüchtling strafbar macht, dann ist das eine Sache. Beantragt er ein Asylverfahren, dann ist das wieder eine andere Sache. Denn ein Asylverfahren wird nicht allein aus dem Grund eingestellt, dass sich ein Flüchtling bei uns strafbar gemacht hat. Der Asylgrund an sich erlischt dadurch ja nicht. Insgesamt macht das die Sache sehr kompliziert.

Bleibt die Frage, wie es technisch ablaufen könnte. Die einzige Möglichkeit funktioniert nur auf der oberen politischen Ebene. Dass nämlich die Bundesregierung mit nordafrikanischen Staaten einen Vertrag abschließt – verbunden mit der Frage, ob diese Staaten uns die Flüchtlinge abnehmen, auch wenn wir nicht genau nachweisen können, woher sie wirklich stammen. Das wird allerdings nicht funktionieren, beziehungsweise kann ich mir ehrlich gesagt nicht vorstellen, dass es so funktioniert. Das gilt aber nicht nur für Nord-, sondern auch für Zentralafrika.

Was im November als sogenannter Flüchtlingsgipfel in Valletta auf Malta stattgefunden hat, war in diesem Zusammenhang im Grunde nicht mehr als ein schlechter Witz. Da hat man doch tatsächlich festgestellt und auch verlauten lassen, dass soziale Probleme überhaupt erst dazu geführt haben, dass die Menschen nun zu uns gekommen sind. Um es noch einmal zu betonen: Das war im November 2015. Die als Ergebnis verkündeten Erkenntnisse waren zu jenem Zeitpunkt aber schon Monate oder Jahre in aller Welt bekannt.

Jetzt kann man höchstens noch versuchen, einen weiteren Zuzug zu verhindern. Aber bei denjenigen, die hier sind, muss ich ganz ehrlich sagen, dass ich nicht weiß, wie sich das in den kommenden Jahren darstellen wird. Wenn diese Menschen nicht freiwillig die Bundesrepublik verlassen, wird es schwierig. Gegen ihren Willen, und ohne feststehende Identität beziehungsweise Personaldokumente, können wir die nicht wieder zurückschicken. Das wird nicht funktionieren.

Ich glaube nicht, dass uns Marokko irgendjemanden abnimmt, wenn wir als Deutschland der Nation Marokko nicht zweifelsfrei beweisen können, dass besagte Person auch tatsächlich aus Marokko stammt. Anders gesagt: Welche Veranlassung sollten diese Staaten haben, uns dabei behilflich zu sein? Die haben selber genug Probleme, und manche Staaten sind wahrscheinlich auch froh, dass diese Menschen nun bei uns sind.

Hinzu kommt, dass wir es mit Staatsgebilden zu tun haben müssten, die tatsächlich funktionieren. Man muss aber ganz deutlich sagen, dass Tunesien oder Algerien zum aktuellen

Zeitpunkt Staaten sind, in denen die Infrastruktur der inneren Sicherheit gar nicht mehr funktionieren. Und über den Irak oder Syrien müssen wir in dem Zusammenhang wohl gar nicht erst reden. Dort ist es noch katastrophaler. Auch im Libanon ist es ähnlich. Insgesamt kann man sagen, dass der gesamte nordafrikanische Raum problematisch ist. Die einzige Ausnahme stellt immer noch Ägypten dar, von wo kaum Menschen nach Europa flüchten, und mit einigen Abstrichen Marokko. Besagte Länder aber sind polizeilich unseres Wissens nach gar nicht in der Lage festzustellen, mit welchem Menschen und welcher Identität wir es zu tun haben oder zu tun bekommen.

Noch etwas anderes ist in diesem Zusammenhang nicht zu unterschätzen: Menschen, die ohne Ausweispapiere zu uns kommen, erzählen zwar häufig, dass sie ihre Papiere auf der Flucht verloren haben. Das allerdings ist vermutlich nicht immer der Fall gewesen, beziehungsweise ist es nicht die ganze Wahrheit. Nach unseren Erkenntnissen wissen viele recht genau, wo sich ihr Pass befindet. Das kann wiederum an vielen Orten sein, und häufig handelt es sich bei diesen Orten um Plätze in der Heimat, aus der sie geflohen sind. Dass jemand sagt, er habe keinen Pass, und gleichzeitig doch weiß, wo der sich befindet, ändert in vielen Fällen allerdings nichts daran, dass diese Menschen auf ihrer langen Flucht durch diverse Länder tatsächlich keine Papiere bei sich hatten. Manche werden ja auch eingeschleust, und die Pässe werden ihnen von den Schleusern abgenommen. Sie bezahlen also einen gewissen Betrag, und die Personen werden in das gewünschte Land gebracht, aber eben ohne ihre Papiere. Der Grund dafür ist für die Schleuser einfach der, dass diese Menschen dann nicht oder nur schwer zu identifizieren sind. Reist jemand ohne Pass ein, kann niemand sagen, woher die Person genau kommt – was gleichzeitig die Spuren der Schleuser verwischt. Umgekehrt können die Flüchtlinge dann ein beliebiges Land als ihre Herkunft angeben – etwa eines, das als nicht sicheres Herkunftsland anerkannt ist. Die Wahrheit wäre nur zu finden, indem die Behörden etwa in dem besagten Land nachfragen. Was kaum geschieht, beziehungsweise auch oftmals wie gesagt kaum möglich ist. Also muss man glauben, was einem gesagt wird.

Wenn kein Pass vorhanden ist, kann man die Person wie gesagt nicht abschieben. Weil es eben keine Antwort auf die Frage gibt, wohin man denn die betreffende Person abschieben soll. Das geht nur mit einem Passpapier – entweder handelt es sich dabei um einen Reisepass oder um einen Passersatz. Die aber müssen jeweils von dem Heimatland ausgestellt sein, als Bestätigung, dass die betreffende Person Bürger des Landes ist.

Es gibt noch einiges mehr zu beachten. Nehmen wir an, es handelt sich um einen Menschen aus dem Kosovo – einem Land, das ja als sichere Herkunft gilt und bei dem es daher unwahrscheinlich ist, dass einem Bürger bei uns Asyl gewährt wird. Hat dieser Mensch nun seine Papiere verloren, kann er trotzdem erst abgeschoben werden, wenn er Ersatzpapiere in der Hand hält. Nun ist es aber nicht so, dass dieser Mensch sich hinstellen kann und die Behörden die ganze Arbeit der Ersatzbeschaffung zu übernehmen haben. Dieser Mensch ist vielmehr mitwirkungspflichtig, und muss sich an allen Handlungen zur Beschaffung eines Identitätspapiers beteiligen. Rein rechtlich und laut Gesetz jedenfalls; wie die Lage in der Praxis ist, das ist dann natürlich wieder eine ganz andere Frage.

Sinnvoll wären vor dem Hintergrund all solcher Fakten jetzt Gesetzesänderungen im Ausländer- und Asylrecht, die auch dann schon eine Ausweisung ermöglichen, wenn die Person zu einer Freiheitsstrafe auf Bewährung verurteilt wird. Bislang ist das aufgrund der hohen Anforderung kaum möglich. Hier sollte sich die Politik endlich bewegen. Jeder Bürger wirft doch auch seine Gäste aus der Wohnung, wenn die bei ihm auf den Teppich pinkeln, oder? Die von mir angesprochenen Probleme mit den »passlosen« Menschen muss die Bundesregierung lösen. Da ist jetzt für uns das Ende der Fahnenstange erreicht.

Der von mir sehr geschätzte Kabarettist Georg Schramm hat einmal gesagt, dass bestimmte Reden und Aussagen der Politiker für den, wie er sich ausdrückte, »Urnenpöbel« nichts anderes sind als ein Placebo für die breite Masse des deutschen Volkes. So empfinde ich jetzt die Vorschläge zur angeblich schnellen Ausweisung kriminell gewordener Nichtdeutscher. Sie sind nicht durchdacht und so schnell wie angekündigt auch gar nicht durchführbar, sofern die Rahmenbedingungen nicht rechtsstaatlich sauber und im Rahmen der Genfer Konvention geändert worden sind.

Die Mentalität der Menschen und das Ausländerrecht

Polizeioberkommissar Jörn Memenga,
stellvertretender Soko-Leiter

Ich beschäftige mich nicht nur dienstlich, sondern auch privat mit der Thematik Ausländerrecht und verfolge den gesamten Themenbereich seit Jahren schon mit großem Interesse. Ausländerrecht umfasst Themen, wie man mit den Menschen umzugehen hat und natürlich die entsprechenden Rechtsgrundlagen.

Ein Bereich dabei betrifft auch die sprachlichen Barrieren, vor denen man immer steht. Daneben geht es auch um die Frage, wie eine Person von ihrem Status her zu behandeln ist. Da geht es darum, ob derjenige einen Aufenthaltstitel hat, oder ob er noch im Rahmen seines Asylbegehrens über eine Aufenthaltsgestattung verfügt. Mir stellt sich also die Frage, seit wann derjenige hier ist und ob er überhaupt hier sein darf. Oder: Welche Menschen mit welcher Staatsangehörigkeit halten sich in Deutschland vor allem als Asylbegehrende auf? Das versuche ich auch den Kollegen beizubringen, die nicht so häufig mit dieser Klientel zu tun haben. Wichtig ist das vor allem vor dem Hintergrund, dass ja in unserer Arbeit als Polizei allgemein Ausländer immer wieder auftauchen – ob als Straftäter, als Opfer oder auch als Zeugen.

Wichtig ist daher, wie ich einen Menschen, insbesondere mit Migrationshintergrund, einzustufen habe. Nicht nur rein rechtlich, sondern auch von seiner Mentalität her. Daher berichte ich einige Male im Jahr auch einen Tag lang auf der Polizeiakademie über diese Thematik.

Die Menschen unterscheiden sich teilweise in ihrer Mentalität und dem Verhalten gegenüber der Polizei erheblich. Sprechen wir von türkischen Staatsangehörigen, von denen die meisten schon länger in Deutschland sind, geht es auch darum, dass diese Menschen vielfach eine gewisse Art haben, mit uns als Ordnungshütern zu sprechen. Sie sind manchmal in ihrer Gesprächsform eher aufbrausend, fühlen sich auch schnell angegriffen. Vor allem dann, wenn man nicht die ihrer Meinung nach passende Wortwahl ergriffen hat.

Man merkt einfach, dass die Menschen von ihrer Mentalität her anders sind, als es für uns üblich ist.

Unterschiede gibt es auch von der Körpersprache her. Darauf muss man sich einstellen, weil es auch nicht grundsätzlich böse gemeint ist. Es ist in manchen Völkern einfach so, dass man sich nicht gerne etwas sagen lässt. Beziehungsweise dass ein Mann sich nicht gerne von einem anderen etwas sagen oder gar Vorschriften machen lässt. Man muss daher einerseits immer versuchen, mit diesen Menschen ruhig zu reden, auf der anderen Seite aber muss man ihnen auch ganz klar ihre Grenzen aufzeigen. Zeigen, wer der Boss ist also, aber immer mit Fingerspitzengefühl.

Habe ich jemanden vor mir, der Ausländer ist – egal ob EU-Bürger oder aus einem anderen Staat –, muss ich einfach wissen, dass es immer auch ein Mensch mit einer in Grenzen anderen Mentalität ist.

Syrer zum Beispiel sind in der Regel sehr ruhige Menschen. Sie sind ruhig, sie sind oft gebildet. Haben wir es mit Schwarzafrikanern zu tun, sind auch die sehr ruhig, wenn sie bei der Polizei sind. Haben sie aber Alkohol getrunken, ist häufig Schluss mit der Ruhe und es kommt zu Prügeleien. Sie sind dann aufbrausend, doch sobald die Polizei ins Spiel kommt, sind sie wieder ruhig und im Grunde lammfromm.

Nordafrikaner wiederum treten sehr unterschiedlich auf. Vielfach haben wir darunter Personen, die man neudeutsch als Poser bezeichnen würde. Menschen also, die sich gerne präsentieren und einen auf »dicke Hose« machen. Gehen sie durch die Stadt, sind sie meist nicht allein, sondern in Gruppen unterwegs, und treten sehr dominant auf. All das sind nur Nuancen, die man aber erst einmal erleben und kennenlernen muss. Die Erfahrungen, die wir mit der Soko machen, drehen sich also auch um das Verstehen. Und zwar gar nicht mal rein rechtlich, sondern das Verstehen von Menschen, von Mentalitäten und von Staatsangehörigkeiten.

Häufig vertreten sind in der LAB auch Menschen aus dem ehemaligen Jugoslawien, also Kosovo, Mazedonien und so weiter. Diese Menschen treten wieder ganz anders auf. Sie sind eher zurückhaltend und versuchen, im Hintergrund zu bleiben. Insgesamt will ich damit sagen, dass man mit der Zeit die Eigenarten der verschiedenen Menschen kennenlernt, und man lernt auch, damit umzugehen. Dabei ist es natürlich so, dass man nicht für jedes Herkunftsland voraussagen kann, wie die einzelne Person sich verhalten wird. Aber grob gesagt liegt man bei fünf von zehn Leuten schon richtig. Insgesamt liegt die Trefferquote also bei 50 bis 60 Prozent.

Gerade wenn wir die Vorführungen vor Gericht haben, treten viele Verdächtige erst einmal mit breiter Brust auf, stehen sie dann aber tatsächlich vor dem Richter, schrumpfen sie regelrecht zusammen. Es gab sogar einzelne, die dort zu weinen angefangen haben. Das kann natürlich auch Show gewesen sein, was ich aber in den meisten Fällen eher nicht glaube. Vielmehr haben sie in diesen Momenten bemerkt, dass ihnen vermutlich tatsächlich eine Konsequenz für ihre Taten bevorsteht. Sie mussten also in den sprichwörtlichen Knast. Und mancher verband mit dem Gedanken daran eben auch Erinnerungen an die Zustände in Gefängnissen in seiner Heimat, wo es ja meist ganz anders zugeht als bei uns.

Das ist natürlich auch eine Abschreckung für die Täter und soll unter anderem auch Sinn der Sache sein. Wir wollen einerseits die Bürger hier bei uns vor Schaden bewahren, wir wollen verhindern, dass die Stimmung gegenüber den Flüchtlingen kippt, wir wollen aber auch die Asylbewerber selbst vor denjenigen unter ihnen schützen, die hier schlicht gesagt Mist bauen. Es geht also bei unserer Arbeit immer auch darum, die große Masse derer zu schützen, die als Flüchtling beziehungsweise Asylbewerber keinerlei Probleme bereiten.

Noch etwas: Reden wir von kriminellen Flüchtlingen, dann reden wir fast ausschließlich von männlichen Personen. Ich habe in all den Monaten, in denen die Soko inzwischen aktiv ist, gerade einmal eine Hand voll Frauen gehabt, die etwas geklaut haben. Gerade heute hatte ich den Fall einer Frau, die Lebensmittel im Wert von knapp 30 Euro geklaut hat. Da war etwas Schokolade dabei, ein wenig Gemüse – alles in allem Waren, bei denen man auch vermuten kann, dass sie der Versorgung der Familie beziehungsweise der Kinder dienen sollten. In den anderen Fällen wurde mal ein Paar Socken geklaut, mal war es eine Strumpfhose oder auch Nähzeug.

Dass es sich überwiegend um Männer handelt, mag auch mit dem Rollenbild zusammenhängen, das etwa in den Ländern Nordafrikas herrscht. Dort sind die Frauen diejenigen, die sich vor allem um die Familie kümmern. Für den Unterhalt sorgen die Männer. Der Mann ist also derjenige, der macht, die Frau dagegen hält still. Auch das ist ein Thema, wenn es darum geht, wie die verschiedenen Menschen sich verhalten, wie sie ticken.

Ich bin auch Familienvater, aber ich habe ein vollkommen anderes Verständnis von Familie. Für mich und zahllose weitere deutsche Familienväter ist eine Ehefrau eine gleichberechtigte Partnerin. Nur kann ich dieses persönliche Verständnis einer Ehe nicht eins zu eins auf die Rollenbilder in einer Flüchtlingsfamilie anwenden. Weil es bei vielen Flüchtlingen eben ganz anders ist. Allerdings nicht immer, und auch das gehört zum Verstehen: Die Syrer zum Beispiel sind auch in diesem Zusammenhang ähnlich wie wir. Außerdem sind nicht alle Syrer auch Muslime, wie es ja so oft vermutet wird. Es handelt sich vielmehr zum Teil oder in erster Linie um Christen. Da ist eine Frau dann auch einfach ein ganz anderer Mensch, als eine Frau, die automatisch eine bestimmte Rolle ausfüllen muss.

Ich möchte noch einmal zurückkommen auf die grundsätzlichen Unterschiede von Volksgruppen. Um solche Unterschiede festzustellen, muss man gar nicht über Nordafrikaner oder Syrer reden, es reicht ja schon, wenn wir uns mit uns selber beziehungsweise mit den Deutschen beschäftigen. Schon wenn wir Norddeutsche und Bayern nehmen, werden wir feststellen, dass es da Unterschiede im Verhalten gibt. Der Norddeutsche ist eher zurückhaltend und manchmal auch ein wenig wortkarg, der Bayer dagegen gilt als gesellig, jovial und manchmal auch etwas polternd.

Gerade die Art zu sprechen ist auch bei den Flüchtlingen immer wieder ein Thema, dem man sich erst nähern muss, um keine falschen Schlüsse zu ziehen. So sprechen manche der Menschen, die zu uns kommen, sehr laut, was man ohne Hintergrundwissen etwa in einem Verhör schon mal vollkommen falsch einschätzen oder verstehen kann. Auch außerhalb eines Verhörs kann man mitunter schnell den Eindruck gewinnen, dass sich zwei Personen streiten, weil sie eben so laut sind. Tatsächlich aber handelt es sich nicht um einen Streit, die Menschen unterhalten sich einfach nur. In einer Form, die auf uns etwas befremdlich wirken mag, die aber für die Personen selbst vollkommen normal ist. Hinzu kommt dabei auch eine vollkommen andere Körpersprache, die sehr selbstbewusst und auf manchen daher ein wenig bedrohlich wirkt. Auch dieses Zurschaustellen des eigenen Selbstbewusstseins und damit letztendlich der eigenen Stärke zählt für bestimmte Männer zu den Selbstverständlichkeiten. Weil sie aus einer Welt kommen, in der die Frauen einerseits ihre feste Rolle haben, die Männer aber immer auch den eigenen Status gegenüber ihren Geschlechtsgenossen zu festigen versuchen.

Das hat natürlich Auswirkungen auf die von uns durchgeführten Vernehmungen. Diese Personen antworten nicht einfach nur, sie antworten mit Worten ebenso wie mit ihrer gesamten Körpersprache – sie benutzen jeden Muskel, den sie haben. Das führt immer wieder auch zu unfreiwillig komischen Momenten. Wir sitzen dann vor einem Verdächtigen, der mit unglaublich vielen Bewegungen und nach unserem Verständnis auch sehr vielen Worten antwortet. Warten wir dann aber auf die Übersetzung des Gesagten durch den Dolmetscher, stellt sich heraus, der Verdächtige hat im Grunde kaum etwas gesagt. Gerade solche Vernehmungen sind es daher auch, die mich sehr stark prägen. Nicht allein der Inhalte wegen, sondern weil man die Menschen ganz anders kennenlernt, wenn sie vor einem sitzen.

Was bei einer Vernehmung logischerweise auch sehr wichtig ist, ist die Erkenntnis, ob jemand einen anlügt oder die Wahrheit sagt. Die gewinnt man jedoch ebenfalls häufig nur dann, wenn man sich auch mit den Eigenheiten der Menschen beschäftigt. So kann eine ausufernde und angeberische Aussage eines Deutschen darauf hindeuten, dass er hinter den vielen Worten etwas verbergen will. Bei einem Flüchtling aus dem arabischen Raum aber muss man eben wissen, dass ein vermeintlicher Wortschwall eine landestypische Art des sich Ausdrückens ist, und dass die eigentliche Aussage darin dann doch meist recht kurz ist.

Auf der anderen Seite bedeutet all das, dass wir als Polizei eine neue Art der Fragestellung lernen müssen. Weil man sich eben auf die Menschen und ihre Eigenheiten einzustellen hat. Dabei gilt es zu lernen, welche Frage es sich überhaupt zu stellen lohnt, um neue Fakten herauszufinden oder sich Fakten bestätigen zu lassen. Außerdem lernt man Fragen so zu stellen, dass sie zu einer möglichst knappen Antwort führen, die für den Sachverhalt wichtig ist – und nicht zu einem ausufernden Gerede, das sich weitgehend als inhaltsfrei entpuppt.

Da frage ich den Verdächtigen dann etwa, ob er die Tat begangen hat – ja oder nein. Ich lasse ihm also gar nicht erst die Möglichkeit, in Ausflüchte oder ins Ungefähre abzudriften. Weitere Fragen versuche ich möglichst exakt zu formulieren, um eine möglichst exakte Antwort zu erhalten: Warum haben Sie die Tat begangen? Wer war noch dabei? Zwar muss grundsätzlich kein Beschuldigter bei einer Vernehmung etwas aussagen, bei uns jedoch wollen die meisten tatsächlich etwas erzählen. Woran das liegt, weiß ich allerdings nicht. Vielleicht hat man ihnen vorher erzählt, dass sie besser etwas sagen, wenn sie es mit der deutschen Polizei zu tun bekommen. Vielleicht hat es auch etwas mit den Zuständen in den jeweiligen Heimatregionen zu tun, wo Verdächtige und Straftäter ja ganz grundsätzlich anders als bei uns behandelt werden. Das ist ein Thema, mit dem ich mich ebenfalls immer wieder auseinandersetze: Was würde wohl geschehen, wenn die Person in ihrem Heimatland die Straftat begangen hätte, derer sie nun in Deutschland verdächtigt wird? Vielleicht wäre sie von der Polizei geschlagen worden, auf jeden Fall wäre sie aber ganz anders behandelt worden als es in Deutschland der Fall ist. Das ist sicher ein Grund dafür, dass immer wieder Verdächtige weinend vor uns sitzen, weil sie nicht wissen, dass wir mit ihnen human umgehen und sie von uns keine körperliche Züchtigung befürchten müssen.

Häufig hören wir bei den Vernehmungen auch Beteuerungen nach dem Motto »Bei Allah, ich schwöre, ich habe nichts getan«. Da kann es dann schon mal geschehen, dass ich ein wenig aus der Haut fahre. Ich sage demjenigen dann, dass ich nichts von Gott hören will und auch nichts von Allah. Was ich hören will, sind einfach klare Aussagen. Es nervt einfach irgendwann, wenn Verdächtige die Dinge von sich zu schieben versuchen und sich in ihren Glauben flüchten, der mit der Tat nun mal einfach gar nichts zu tun hat.

Nun ist es aber auch so, dass die Menschen mit der Zeit lernen, dass die Polizei sie hier anders und vielleicht nicht so hart beziehungsweise brutal behandelt, wie sie es aus der Heimat gewohnt sind. Das kann im Extremfall dazu führen, dass sie versuchen, uns auf der Nase herumzutanzen. Was sich aber ändert, wenn sie bemerken, dass sie bei uns sehr wohl für Straftaten hinter Gitter kommen können, die sie selbst als gar nicht so schwer empfinden. Wir als Polizei ändern unser Verhalten gegenüber den Verdächtigen ohnehin nicht. Wir sind so geschult, dass wir diese Personen beziehungsweise Straftäter wie Menschen behandeln, und das tun wir auch weiterhin. Wir vernehmen die Menschen, wir sprechen mit ihnen und wir achten dabei auch immer ihre Rechte.

Trotzdem kommt es immer wieder vor, dass man sich ärgert. Wenn einem ein Beschuldigter Märchen auftischt etwa, bei denen man ganz genau weiß, dass es sich um reine Lügengebilde handelt. Aber auch in solchen Situationen muss man beachten, dass ein Beschuldigter lügen darf, und dass es kein Gesetz gibt, das im das verbietet. Das muss man einfach etwas sportlich werten. Daher ist es auch nicht so, dass man irgendwann in Versuchung kommt, doch einmal eine härtere Gangart einzuschalten, weil man weiß, dass diese Menschen genau das gewohnt sind. Bei mir drückt es sich eher so aus, dass ich in bestimmten Situationen einfach verbal laut werde, weil das Verhalten oder die Lügen mich ärgern. Ich sage dem Dolmetscher dann auch, der Verdächtige solle jetzt einfach sagen, wie es wirklich war beziehungsweise nicht war, oder ich breche das Verhör an dieser Stelle schlicht ab.

Gerade bei den Schwarzafrikanern ist es so, dass sie ihre Taten immer erst einmal herunterspielen und als halb so schwer darstellen – was der Wahrheitsfindung wenig dienlich ist. Ich mag aber einfach keine Geschichten, von denen ich weiß, dass sie nicht wahr sind und vor allem auch jeder Anwesende in dem Raum weiß, dass es sich um eine Lüge handelt. Manchmal sage ich dann, dass ich die Aussage zwar aufschreibe, aber kein Wort davon glaube. Das sind so die Fälle, in denen ich laut werde, aber, und da spreche ich auch für alle Kollegen, wir werden niemals handgreiflich. Man muss einfach an einem gewissen Punkt eine andere Gangart einlegen. Man muss mit Erfahrung ein gewisses Fingerspitzengefühl entwickeln und wissen, wie man mit den jeweiligen Menschen umzugehen hat. Manche versuchen einen Polizisten ja auch regelrecht um den Finger zu wickeln, und da kommt man mit einer eher weichgespülten Art einfach nicht mehr weiter.

Die Menschen sind nicht nur hinsichtlich ihrer Herkunft unterschiedlich, jeder Mensch ist immer auch etwas anders. Und gerade diejenigen, die sich anfangs so laut und mackerhaft gebärdet haben, sind am Ende die, die so klein mit Hut waren. Vor allem, weil sie irgendwann realisieren, dass eine Bagatelle tatsächlich Folgen haben kann, und dass man hier auch wegen eines bloßen Diebstahls in Haft kommen kann. Da fragt dann jemand auch mal einen Richter, ob der ihn wirklich wegen so einer Kleinigkeit in den Knast bringen will und bekommt zu seiner eigenen großen Überraschung ein trockenes »Ja« als Antwort. Weil sie zuvor vielleicht aus anderen Regionen Deutschlands gehört haben, dass dort weniger hart verfahren wird, und dann kommt man nach Braunschweig und bemerkt, dass dort alles ganz anders ist. Nicht weil wir hier das Recht neu interpretieren, sondern weil wir die rechtlichen Möglichkeiten auch ausschöpfen, die uns die Gesetze schon lange bieten – nur wurden diese Möglichkeiten bislang vielfach einfach nicht ausreichend genutzt.

WAS WIR HEUTE TUN, IST ENTSCHEIDEND FÜR DIE ZUKUNFT

Ich wurde einmal gefragt, wie ich mir im Zusammenhang mit der Flüchtlingssituation unser Land in zehn oder vielleicht 20 Jahren vorstelle. Eine eindeutige Antwort konnte ich darauf nicht geben, da die Zukunft sich daran orientieren wird, wie wir heute und auch in den kommenden Jahren mit der Situation umgehen, wie wir handeln und welche Schlüsse wir ziehen.

Ein optimistisches Zukunftsszenario wäre es, wenn man inzwischen tatsächlich aus den Fehlern der Vergangenheit gelernt hätte. Wenn man außerdem Geld in die Hand nimmt, und denjenigen, die hier strafrechtlich auffallen, mit allen Möglichkeiten unserer Strafgesetze entgegentritt, und sie dann tatsächlich auch bestraft. Dass wir aber auch den vielen anderen, die sich in unser System einordnen und in die Gesellschaft integrieren wollen, die Möglichkeiten bieten, tatsächlich zu Mitgliedern dieser Gesellschaft zu werden. Und zwar als gleichberechtigte Mitglieder, die nicht in ein Ghetto abgeschoben werden.

Denn macht man das nicht, haben wir in 20 Jahren die gleiche Situation wieder, die wir eigentlich jetzt schon haben: Dass wieder in größeren Städten Communities entstehen, die sich regelrecht von der Gesellschaft abnabeln. Die Gefahr, die jetzt besteht, ist aber die, dass die Zahl der Flüchtlinge eben noch deutlich höher liegt, als es vor 20 Jahren der Fall war. Das bedeutet, dass das Problem, das in Zukunft auf uns zukommen kann, noch gewaltiger sein wird. Und es wird schwierig werden, dann noch etwas aufzubrechen, wenn man heute falsch handelt und wieder falsch an die Sache herangeht.

Man kann der Politik also nur den dringenden Rat mit auf den Weg geben, tatsächlich auf die zu hören, die so etwas schon einmal miterlebt haben. Und die vor allem auch ihre Lehren daraus gezogen haben. Außerdem ist es an der Zeit, sich von der Beschwichtigungspolitik zu verabschieden. Es bringt langfristig einfach gar nichts, wenn man den Menschen immer wieder sagt, dass ja eigentlich alles in Ordnung ist, dass wir das schaffen. Ich sage: Ja, wir können das tatsächlich schaffen. Aber wir schaffen es nur, wenn wir wirklich sehr klug agieren. Wenn wir nach den Hauruck-Verfahren an die Bewältigung der Probleme herangehen, wird es nicht funktionieren.

Ich persönlich halte es zum Beispiel auch für ausgesprochen fahrlässig, Gemeinden mit 500 Einwohnern ohne viel Nachdenken mit mehr als 1000 Flüchtlingen vollzustopfen. So etwas zu tun, lässt sich nicht anders bezeichnen als organisierter Schwachsinn. Das weiß, wie dargelegt, schon jeder Soziologie- oder Kriminologie-Student in seinem ersten Semester. So etwas muss in die Hose gehen. Zumal ja auch immer noch nicht geklärt ist, wo die Flüchtlinge dann hin sollen. Die Wohnraumfrage ist unbeantwortet, was noch einmal erschwerend hinzukommt. Es gibt Probleme über Probleme.

Um die zu bewältigen wäre der erste Punkt einfach, dass man offen über die Lage spricht, und dass man die Bevölkerung sozusagen mit ins Boot holt. Das wäre deutlich sinnvoller, als immer wieder Märchenstunden zu veranstalten, oder sich gegenseitig parteipolitische Streitigkeiten zu liefern. So etwas bringt uns in der gesamten Flüchtlingsfrage und der Flüchtlingsproblematik nicht einen Millimeter nach vorne. Im schlimmsten Fall wird in 20 Jahren dann ein zweiter Thilo Sarrazin ein Buch schreiben, mit den gleichen Inhalten wie das im Jahr 2010 erschienene Buch *Deutschland schafft sich ab*, nur dann eben mit noch schlimmeren Folgen.

Die neuen Bundesländer stellen bei der gesamten Thematik ein besonderes Problem dar. Wir haben ja schon in den alten Bundesländern Probleme. Aber in den neuen Bundesländern ist natürlich auch die Struktur eine ganz andere. Die haben einfach eine vollkommen andere Vergangenheit – und zwar auch im Umgang mit Ausländern. Man hat ja 1992 bei den Ausschreitungen in Rostock-Lichtenhagen mitbekommen, was dort geschehen ist. Vor diesem Hintergrund meiden auch sehr viele Flüchtlinge schon jetzt wieder die neuen Bundesländer, weil die Menschen, die zu uns kommen, nicht gänzlich ahnungslos sind, und viele sich vorab über das Internet und die sozialen Netzwerke über die Lage beziehungsweise die Stimmung der Menschen in Deutschland informiert haben.

Die massiven Übergriffe, die wir im Jahr 2015 auf Flüchtlingsheime hatten, haben leider Gottes ja zum Großteil in den neuen Bundesländern stattgefunden. Auch vor diesem Hintergrund muss man seitens der Politik die Bevölkerung mit ins Boot nehmen. Denn es macht letztlich überhaupt keinen Sinn, wenn wir vor jede Flüchtlingsunterkunft eine Hundertschaft Polizei stellen. Das funktioniert nicht, und vor allem muss man sich auch die Frage stellen, wie lange man so etwas denn tatsächlich machen und durchhalten will beziehungsweise kann. Im Grunde ist es einfach so, dass wir die Strategie vollkommen ändern müssen.

Die Frage ist dabei jedoch auch, wie man die Menschen überhaupt erreicht, die via soziale Netzwerke ihren Hass in die Welt rufen, und so vor allem auch von anderen gehört werden. Das ist ein sehr schwieriges Thema und natürlich ein sehr großes Problem. Vermutlich ist aber auch hier der

Dialog der einzig gangbare Weg. Es ist ein langer Weg der Überzeugungsarbeit. Das ist gewiss schwierig, aber mit dem Schlagstock und dem Gesetzbuch in der Hand ist es vollkommen unmöglich, eine wirkliche und dauerhafte Verhaltensänderung herbeizuführen. Man muss den Menschen einfach vorführen, dass es andere Wege als eine bloße Ablehnung und einen tiefen Hass auf alles Fremde gibt.

In diesem Zusammenhang möchte ich auch noch sagen, dass all dieses parteipolitische Gezänk einfach nur kontraproduktiv ist. Das merken wir ja auch als Polizei vor Ort. Da erzählen die Menschen dann davon, dass der eine Minister sagt, wir müssen die Sache so angehen, und der andere Minister das Gegenteil behauptet. Darauf folgt die Frage, was denn nun eigentlich wirklich los oder Sache ist. Hinterher glaubt man uns dann nicht mehr, wenn wir den Menschen sagen, dass es ja eigentlich gar nicht so schlimm ist, wie viele denken, und dass wir im Moment kein grundsätzliches Problem mit Flüchtlingskriminalität haben, das uns über Gebühr belastet. Dass es zwar Kriminalität gibt, aber die bewegt sich in einem vergleichsweise engen Rahmen.

Die Szenarien, die vor dem Hintergrund der Flüchtlingswelle in weiten Kreisen der Bevölkerung entstehen, entstehen durch Übertreibung. Da kommen wieder einmal die politischen Parteien und politischen Strömungen ins Spiel. Gegen all das anzugehen, ist unglaublich schwierig. Daher sage ich es noch einmal: Der Weg in eine vernünftige Zukunft ist nur über Aufklärung und einen vernünftigen Dialog zu finden. Wie gesagt, wir können die Menschen und ihre Meinungen nicht mit dem Polizeiknüppel verändern. Sie müssen vielmehr mit der Nase darauf gestoßen werden, dass sie selber jenseits der deutschen Grenzen immer auch Ausländer sind, und dass es sehr schnell gehen kann, dass Menschen zu Flüchtlingen werden, weil sie um ihre Sicherheit und die ihrer Familie bangen müssen.

Aber da wird meiner Meinung nach derzeit einfach zu wenig getan. Dazu muss man aber auch sagen: Leider sind in vielen Bundesländern die Zentralen für politische Bildung in den vergangenen Jahren eingestampft worden. Die haben immer sehr viel geleistet. Wir haben hier in Niedersachsen so etwas gar nicht mehr, und ich weiß nicht, wie die Lage in diesem Zusammenhang in den neuen Bundesländern ist. Wenn wir etwas erreichen wollen, ist aber eben auch wichtig, dass in die politische Bildung investiert wird. In den Schulen muss den Schülerinnen und Schülern deutlich gemacht werden, dass der Zuzug von Menschen aus dem Ausland keine Gefahr darstellt, sondern eine Bereicherung sein kann beziehungsweise ist. Wir müssen diesen jungen Menschen schon früh beibringen, dass Flüchtlinge ihnen nicht per se etwas wegnehmen, und dass sie auch nicht einfach mal so Frauen oder Mädchen vergewaltigen und ausrauben. Dass es sich also um ganz normale Menschen wie du und ich handelt. Wir müssen erklären, dass hinter jedem Flüchtling auch ein Schicksal steckt, und dass diese Menschen aus bestimmten Gründen nach Deutschland gekommen sind.

Damit rede ich natürlich von den Flüchtlingen im Allgemeinen. Was wieder zu der Frage führt, wie wir denn am Ende wirklich mit den Kriminellen unter den Flüchtlingen umzugehen haben. Wenn wir sie nicht loswerden und zurückschicken können, so meine Meinung, dann müssen wir sie schlicht und einfach mit den uns zur Verfügung stehenden rechtsstaatlichen Mitteln bekämpfen. Dann wandern sie irgendwann auch mal ins Gefängnis, und dann ist das einfach so. Ganz ehrlich sage ich aber auch, dass ich selber ebenfalls nicht die allgemeingültige und perfekte Lösung kenne. Dann

würde ich nicht die Arbeit machen, die ich mache. Diese Ide-
allösung sucht man zurzeit noch. Aber es kann eben nicht
so weitergehen, wie es im Moment gehandhabt wird. Das
bewerte ich persönlich und auch als stellvertretender Vorsitzender des Bundes Deutscher Kriminalbeamten eher kritisch.
Insbesondere aus dem Grund, dass wir eben einfach gar nicht
wissen, wer eigentlich hier bei uns im Land ist. Nein, die perfekte Lösung kenne auch ich sicher nicht. Aber warum fragt
man die vielen Fachleute nicht einmal und setzt sie zusammen
mit den anderen Hilfsorganisationen an einen Tisch und hört
endlich auf, diese für die Bundesrepublik Deutschland funda-
mental wichtige Frage zum politischen Zankapfel zu machen,
um dann Lösungsmöglichkeiten zu erarbeiten, die schnells-
tens und konsequent umgesetzt werden. Denn worum geht
es? Wollen wir demnächst die Lösung der »Probleme« den
rechtsradikalen Gruppen und Parteien überlassen? Pegida
und AfD suggerieren, dass sie das Problem schnell lösen werden? Ihr Credo: Wir werfen alle wieder hinaus. Ja bitte, wie?
»À la Eichmann« in Güterzügen mit unbekanntem Ziel? Ich
möchte so etwas nie wieder in Deutschland und Europa und
der ganzen Welt haben. Sie sehen also, wenn Sie mir zustim-
men, es kann nur eine andere und humane Lösung sein. Und
daran muss unter Ausschluss parteipolitischen Gezänks aller
demokratischen Parteien jetzt herangegangen werden. In der
von mir zitierten Sendung »Hart aber fair« musste man sofort den Eindruck gewinnen, dass die Opfer von Köln eher
eine untergeordnete Rolle spielten und die Polizei insgesamt
versagt hat. Stattdessen ging man aufeinander los und irrte
im politischen Streit an der eigentlichen Problematik vorbei.
   Denn dieses Gezänk ist eben auch Futter für jene Gruppierungen, die sich gerne hinter dem Begriff der besorgten
Bürger verschanzen und ihren Unmut mitunter mit unpassen-

den rechten Parolen unterstreichen. Menschen, die sich bei Veranstaltungen etwa von Pegida bewegen, werden sich zwar selber häufig nicht als Extremisten einordnen, man muss sie aber eben doch den Extremisten zuordnen. Und Extremisten sind äußerst schwierig zu erreichen. Es wird also immer auch eine bestimmte Gruppe von Menschen geben, die wir mit Argumenten gar nicht erreichen können. Aber Extremisten stellen ja auch nicht die große Masse der Bevölkerung dar. Was wiederum bedeutet, dass wir uns um den normalen Bürger und den Otto Normalverbraucher kümmern müssen, wenn wir die Weichen für die Zukunft richtig stellen wollen. Denn diese Menschen stellen die Masse unserer Bevölkerung dar. Diese Masse aber ist auch sehr leicht beeinflussbar – was häufig von Personen oder Organisationen ausgenutzt wird, die mit dieser Beeinflussung unlautere oder äußerst gefährliche Ziele erreichen wollen. Warum aber sollte man nicht versuchen, diese Menschen durch eine vernünftige Aufklärung zu beeinflussen? Oder einfach durch eine völlige Offenheit. Ich habe lange erwartet, dass sich mal ein führender Politiker hinstellt und sagt: Erstens haben wir nicht richtig eingeschätzt, was durch die Flüchtlinge auf uns zukommt, und zweitens befinden sich tatsächlich auch Kriminelle unter den Flüchtlingen. Gerade der zweite Punkt wird bislang immer noch unter dem Deckel gehalten. Man spricht darüber einfach nicht so gerne, auch nach den Vorfällen in Köln, die nach Silvester 2015 Schlagzeilen machten. Daher ist auch das Interesse an dem, was wir hier mit der Soko machen, so unglaublich groß. Ich konnte dieses Interesse anfangs überhaupt nicht nachvollziehen, weil ich einfach davon ausging, dass wir einen Schritt getan haben, der notwendig war.

Wahrscheinlich wäre es gut, wenn die Politiker genau diesen normalen Menschen und Otto Normalverbrauchern einfach sagen würden, dass sie auch die Hilfe eben dieser Menschen benötigen. Aber das ist bekanntlich immer noch nicht der Fall. Es reicht ja schon, an den Abenden die zahllosen Talkrunden im TV zu verfolgen. Da geht es nicht um die Menschen, es geht vor allem darum, dass sich Links und Rechts vor einem Millionenpublikum balgen. Das führt aber vor allem dazu, dass das Publikum diese Auseinandersetzungen verfolgt, es führt aber nicht dazu, dass dieses Publikum wirklich versteht, was die Politiker, die sich da regelmäßig verbal an die Gurgel gehen, vorhaben.

Es gibt diesen sehr alten und sehr wahren Spruch, dass der Fisch immer vom Kopf her anfängt zu stinken. In diesem Fall ist die Politik der Kopf, denn da stinkt es. Wenn die Politiker die Angelegenheit nicht möglichst schnell in den Griff bekommen, kann es tatsächlich zu einer Spaltung kommen. Das heißt also, dass es die einen gibt, die der Meinung sind, dass wir das alles gar nicht brauchen – weder die Flüchtlinge noch die neutrale Beschäftigung mit dem Thema. Die andere Hälfte der Menschen dagegen schwelgt immer noch in Erinnerungen an die Begrüßung von Flüchtlingen auf den Bahnhöfen und findet das alles einfach wunderschön. Genau zu dieser Spaltung aber darf es nicht kommen, das darf einfach nicht geschehen.

Das war uns auch hier in Braunschweig bewusst, als wir die Sonderkommission gründeten. Wir sind gezielt an die Öffentlichkeit gegangen, und wir haben die Menschen über unsere Arbeit sowie deren Hintergründe informiert. Wir haben schlicht Aufklärungsarbeit geleistet. Die Folgen sind deutlich zu bemerken: Denn nach anfänglicher Aufgeregtheit hat sich die Diskussion im Ort sehr beruhigt. Die gesamte Stimmung ist bei weitem nicht mehr so aufgeregt, wie sie es vor einigen Monaten noch war. Aber es kann nicht angehen, dass Braunschweig ein Einzelfall ist in Deutschland und auch einer bleibt. Es müssen doch langsam auch Menschen an anderen Orten der Republik auf den Trichter kommen, wie sich tatsächlich Fortschritte erzielen lassen. Ich bin weit entfernt davon, nun belehrend den Finger zu heben, und anderen zu sagen, was sie zu tun und was sie zu lassen haben. Aber ich hätte schon erwartet, dass sich vielleicht mal Politiker wie der Bundesinnenminister positionieren. Dass er eben etwa einfach mal offen sagt, dass wir auch ein gewisses Problem mit Kriminalität haben. Stattdessen wird gesagt, dass alles in bester Ordnung ist, und dass man nun tausend Polizisten zusätzlich einstellt. Da frage ich mich, was das nun wieder soll. Es ist doch so, dass man ein gesellschaftliches Problem eben nicht mit der Polizei lösen kann. Das geht nicht, das funktioniert nicht und das hat auch in der Vergangenheit nie funktioniert.

KURIOSE EINZELFÄLLE UND DER
UNSCHULDIGE MIT DEM FALSCHGELD

Polizeioberkommissar Jörn Memenga,
stellvertretender Leiter der Soko

Bei unserer Arbeit haben wir es immer wieder auch mit seltsamen oder gar kuriosen Fällen zu tun. Und nicht jeder, der uns irgendwie auffällt, ist wirklich schuldig – hinter mancher vermeintlichen Straftat verbirgt sich vielmehr eine tragische Geschichte. So ging es in einem Fall um einen Syrer, der bei einer Geldtauschaktion aufgefallen war. Dabei hat er von einem anderen, so jedenfalls die erste Vermutung, einen falschen Dollarschein untergejubelt bekommen. Das führte dann aber zu einer ganz anderen Hintergrundgeschichte und machte die vermeintliche Tat zu einem der Fälle, die ich vermutlich lange nicht vergessen werde. Weil ich dabei auch etwas über den Menschen erfuhr, mit dem wir es zu tun gehabt haben. Der Mann mit dem Falschgeld begann zu erzählen, dass er in seiner Heimat als Finanzbeamter tätig war – bis das gesamte Finanzamt durch Bomben dem Erdboden gleichgemacht wurde. Der Mann hat sich dann entschlossen, dass er seine Familie bei Verwandten unterbringt, deren Häuser noch stehen. Anschließend hat er seinen Neffen genommen und ist mit dem gemeinsam nach Deutschland geflohen. Für diese Reise hat er sein verbliebenes Hab und Gut zusammengesammelt. Außerdem hat er sich von seiner Familie umgerechnet 3 500 Dollar geliehen, um seine Flucht bis nach Deutschland finanzieren zu können.

Dieser Mann war vor seiner Flucht also ein gut situierter syrischer Bürger, der von seinem Gehalt als studierter Beamter ordentlich leben konnte, der durch den Bürgerkrieg in seiner Heimat aber alles verloren hatte. Es war also jemand, den wir hier in Deutschland auch willkommen geheißen haben, weil er einen sehr guten Grund für sein Asylersuchen hatte. Und es war jemand, von dem man grundsätzlich hoffen konnte, dass er in Deutschland recht schnell Fuß fasst und nach einer Weile womöglich sogar seine Familie nachholen kann.

Dass er aber dann auch der Polizei bekannt wurde, ist einer Verkettung unglücklicher Umstände zu verdanken. Wie schon erwähnt hat er sich Geld von seiner Familie geliehen, und er hat auch sein eigenes Erspartes zusammengesammelt. Nur handelte es sich dabei eben zunächst einmal um syrische Währung, von der der Mann befürchtete, dass er damit auf seiner Flucht nicht überall zahlen kann. Also ist er auf eine naheliegende, am Ende aber auch verhängnisvolle Idee gekommen: Er hat das Geld auf dem heimischen Schwarzmarkt in amerikanische Dollar umgetauscht. Auf diesem Schwarzmarkt hat er zunächst einmal jemanden angesprochen und bekam auch schnell die Antwort, dass man ihm helfen könne. Also hatte er nach kurzer Zeit seine syrischen Lira in Dollar umgetauscht.

Dann begann er gemeinsam mit dem Neffen die Flucht. Von Syrien aus ging es in die Türkei, von dort weiter über Griechenland nach Serbien, Mazedonien und schließlich nach Ungarn. Ab Ungarn wurde der Flug nach Deutschland übernommen, der genaue Hintergrund dafür ist mir allerdings nicht bekannt. Da der Mann in Deutschland Fuß fassen wollte, ging er mit seinen Dollars hier nun zu einer Wechselstube – schließlich war ihm durchaus bewusst, dass wir nicht mit Dollar, sondern mit Euro bezahlen. In dieser Wechselstube hat er dann also seine verbliebenen Dollars vorgelegt und um einen Umtausch in Euro gebeten. Dabei allerdings fiel auf, dass ein einzelner Hundertdollarschein nicht echt, sondern eine Fälschung war. Woraufhin die Polizei gerufen wurde. Es kam zu einer Anzeige wegen des Besitzes von Falschgeld.

Wir als Sonderkommission haben den Fall schließlich übernommen. Und wir haben die verbliebene Restsumme von gerade noch knapp 800 Dollar sichergestellt. Diese Summe haben wir von einer Landesbank überprüfen lassen, und es stellte sich heraus, dass abgesehen von dem einen Hundertdollarschein alle anderen Banknoten sauber beziehungsweise echt waren.

Daraufhin haben wir den Flüchtling aus Syrien zur Sache vernommen. Der Beschuldigte zeigte sich während all dieser Vorgänge äußerst kooperativ, und er erzählte uns eben auch seine Lebensgeschichte. Er erzählte von seiner Familie, seiner Tätigkeit als Finanzbeamter und davon, dass er sein Geld auf dem syrischen Schwarzmarkt in Dollar umgetauscht hat. Wir haben ihm seine Erzählungen geglaubt, weil sie sehr glaubhaft waren und es keinen Anlass gab, daran zu zweifeln. Wären unter den 800 Dollar noch weitere gefälschte Scheine gewesen, hätten wir seinen Erzählungen sicher nicht geglaubt. Aber so wie die Dinge sich darstellten, handelte es sich um einen Mann, der beim Umtausch auf dem Schwarzmarkt schlicht Pech gehabt hat. Weil man auch dort um die Not jener weiß, die keine andere Lösung als die Flucht wissen. Also mischte man unter die großen Mengen des zu tauschenden Geldes einfach mal eine falsche Banknote in der Hoffnung, dass der Klient es nicht bemerkt. Aufgrund meiner polizeilichen Ausbildung (Sachbearbeiter Falschgeld) meine ich mich mit Falschgeld ganz gut auszukennen. Soweit ich das beurteilen konnte, war der gefälschte Dollarschein wirklich gut gemacht. Er war für einen Laien nicht als falsch zu erkennen. Somit auch nicht für den betroffenen Syrer und seinen Neffen. Warum hätte er den Schein denn sonst in einer Wechselstube einzahlen sollen?

Der Fall ging dann so weiter, dass wir dem Mann den Mindestsatz von 140 Euro überlassen haben, damit er von Freitag bis Montag mit dem Geld über die Runden kommt. Die restliche Summe haben wir im Zuge des Asylverfahrens bei der Landesaufnahmebehörde abgegeben. Damit war der Fall erledigt. Dem Mann ist nichts weiter geschehen, weil wir ihm die Geschichte so abgenommen haben wie er sie erzählte und wir sicher waren, dass die Fakten auch zutrafen.

Es gibt aber auch ganz andere Fälle. Wir haben inzwischen nämlich auch Erkenntnisse, dass einige der bei uns kriminell aktiven Flüchtlinge nicht erst nach ihrer Flucht nach Deutschland mit dem Gesetz in Konflikt gerieten. Einige dieser Personen werden vielmehr in ihrer Heimat auch schon von der Polizei gesucht. Was indessen nicht bedeutet, dass eine bestimmte Nationalität für Kriminalität steht – es gibt wie gesagt kein Volk auf der Welt, das an sich grundsätzlich kriminell ist. Auch wir in Deutschland haben Diebe, Räuber und wir haben auch Mörder oder Vergewaltiger.

Die immer wieder kolportierte Meinung, dass Flüchtlinge nach Deutschland kommen und dann umgehend straffällig werden, ist reine Utopie. Vor allem ist diese Meinung äußerst naiv, so empfinde ich es zumindest. Ich gehe vielmehr davon aus, dass der Straftäter aus dem Kaukasus oder aus Afrika zuvor schon in seiner Heimat in ähnlicher Form aktiv gewesen ist. Nur werden die Taten dort eben gar nicht wirklich registriert, weil es dort kein entsprechendes System gibt, wie es bei uns der Fall ist.

Immer wieder kommt es außerdem auch zu recht kuriosen Delikten. So waren vor einiger Zeit Ladendiebe in die Stadt gekommen, die allerdings durch eine seltsame Vorgehensweise für Stirnrunzeln sorgten. Es wurde nämlich ein Fall bekannt, in dem ein Mann in einem Geschäft nur linke Schuhe geklaut hatte. Der Hintergrund war der, dass dieser Mann einfach nicht wusste, dass in Deutschland in vielen Läden nur linke Schuhe ausgestellt sind – auch um sich vor Diebstahl zu schützen, da niemand etwas mit zwei linken Schuhen anfangen kann.

In einem anderen Fall ging es darum, dass zwei Flüchtlinge in einen Supermarkt gingen und sich dort an der Theke zwei Scheiben Kasseler bestellten. Die haben sie dann auf dem Weg zur Kasse verzehrt. Hier kann man sich sicherlich fragen, ob so etwas noch Mundraub ist oder ob es sich um eine geplante Tat handelt. Trotzdem fand ich es dann doch etwas übertrieben, dass wegen dieses Falles tatsächlich eine Anzeige geschrieben wurde. Meiner Meinung nach hätte auch ein Platzverweis verbunden mit einem Hausverbot ausgereicht.

Was noch einmal zu dem Thema führt, dass Mundraub in der Regel nicht verfolgt wird. Dass solche Taten nicht verfolgt werden, setzt zwei Umstände voraus: Es muss sich um eine Ersttat handeln, außerdem darf der Warenwert eine Summe von 30 Euro nicht übersteigen. Unter solchen Voraussetzungen werden die Fälle von der Amtsanwaltschaft eingestellt. Die ist anders als die Staatsanwaltschaft für die niedrigeren Delikte zuständig. Das gilt nicht nur für Flüchtlinge, sondern für alle anderen Täter auch. Einfach aus dem Grund, weil die Verfolgung jedes dieser Delikte in einem riesigen Aufwand münden würde, bei dem die Gerichte mit der Arbeit gar nicht mehr nachkommen würden.

Das führt natürlich auch wieder zu der Frage, was denn die Betreiber von Supermärkten oder anderen Geschäften dazu sagen, wenn bei ihnen derartige Fälle gehäuft vorkommen. Dazu kann ich nur feststellen, dass es bei einigen Discountern vorübergehend so gewesen sein soll, dass man dort keine Anzeigen mehr geschrieben hat. Auch dort hat man sich gesagt, dass es erst einmal egal war, was geklaut wurde. Weil der Aufwand, Ladendetektive zu beschäftigen und die bürokratischen Arbeiten zu bewältigen, in keinem Verhältnis zum Wert der entwendeten Waren gestanden hätte. Man hat sich also dazu entschlossen, die Menschen klauen zu lassen, weil man es nicht ändern konnte – der Mutterkonzern würde die entstandenen Verluste bewältigen können. Das kann man natürlich als Bankrotterklärung werten, aber genau so soll es gewesen sein.

Eine erste Bilanz und die Reaktionen auf die Arbeit der Soko

Die Sonderkommission hat am 3. August 2015 offiziell ihre Arbeit aufgenommen. Fast vier Monate später war es dann am 27. Oktober so weit, dass wir im Rahmen einer Pressekonferenz öffentlich ein erstes Fazit ziehen konnten. Fazit bedeutete in diesem Fall unter anderem, dass wir den Medien nun erstmals auch tatsächlich Zahlen vorlegen konnten und wollten. Gleichzeitig haben wir dabei auch noch einmal betont, dass sich die große Mehrheit der Flüchtlinge und Asylbegehrenden vollkommen harmlos und zurückhaltend verhält. Dass es aber eben auch die schon mehrfach beschriebene vergleichsweise kleine, aber sehr aktive Gruppe jener Menschen gibt, die ausschließlich oder vor allem mit dem Ziel in Deutschland eingereist sind, hier Straftaten zu begehen.

Insgesamt hatten die seinerzeit 13 Mitarbeiter der Sonderkommission zwischen dem 3. August und dem 26. Oktober 518 Ermittlungsvorgänge in Bearbeitung. 250 dieser Verfahren wurden dabei aus früheren Vorfällen übernommen, stammten also noch aus der Zeit vor der Gründung der Soko. In 317 von 518 Fällen lagen Diebstähle zugrunde, und zwar zum überwiegenden Teil Diebstähle in Geschäften, sprich Ladendiebstahl.

Während dieser ersten drei Monate war es außerdem zu rund 55 Festnahmen gekommen. Gegen 17 Personen wurden auf Antrag der Staatsanwaltschaft Haftbefehle mit Verurteilungen erlassen. Zehn Beschuldigte kamen in Untersuchungshaft.

Im Rahmen unserer Pressekonferenz wies die Leiterin der Polizeidirektion Braunschweig, Frau Cordula Müller, außerdem darauf hin, dass die Zahl der Straftaten in der Stadt in den ersten drei Quartalen 2015 im Vergleich zum Vorjahreszeitraum um etwa 4,6 Prozent gesunken war – was einem Rückgang um 900 Straftaten entspricht. Auch bei den Einbrüchen gab es einen Rückgang der Fallzahlen. Bei den Diebstahldelikten allerdings verzeichneten wir eine Zunahme um 6,7 Prozent. Verantwortlich dafür waren vor allem die angesprochenen Ladendiebstähle.

Doch wir wiesen auch darauf hin, dass es trotz der keineswegs Besorgnis erregenden Entwicklung im gesamten Stadtgebiet gerade bei den Bewohnern im Umkreis der Landesaufnahmebehörde weiter eine gewisse Verunsicherung gab. Gerade dort gab es ja wirklich eine deutliche Zunahme an Delikten. Insgesamt hatte die Zahl der Straftaten dort in den ersten drei Quartalen wie schon erwähnt 46 Prozent zugelegt, was aber immer in der Relation zu den sehr geringen Zahlen der Vorjahre zu werten ist. So hatte sich die Zahl der Ladendiebstähle von zuvor 48 auf inzwischen 135 Taten nahezu verdreifacht. Dass wir diese Zahlen hatten, bedeutete für uns vor allem, dass wir auf dem richtigen Weg waren – denn wir waren nun sehr zielgerichtet dabei, wir wussten, welche Straftaten begangen werden, und wir kannten auch schon einen Gutteil der Wiederholungstäter.

Dieses erste Fazit der Soko fand breite Resonanz in den Medien. Doch uns ging es ja gar nicht darum, dass allein die Medien sich mit dem Thema beschäftigten. Wir wollten einfach zeigen, dass man sich mit diesem gesamten Themenkomplex vollkommen vorurteilsfrei und gleichzeitig sehr zielgerichtet beschäftigen kann.

Diese Wahrheit fand ihren Weg nicht nur zu den Journalisten, für unsere Ergebnisse und Erfolge interessieren sich inzwischen auch immer mehr Polizeibeamte, die sich im ganzen Land mit ähnlichen Problemen herumschlagen, ohne dass sie aber mit einer ähnlichen Lösung arbeiten können, wie sie unsere Soko Asyl beziehungsweise ZERM darstellt.

Eine Folge davon: Die Leiter der Sonderkommission werden inzwischen von Dienstellen in der ganzen Bundesrepublik eingeladen, um dort vor den Kollegen über ihre Arbeit zu berichten. Was nichts anderes bedeutet, als dass die Reaktion aus Polizeikreisen äußerst positiv ist. Diese positive Reaktion hat mich sehr angenehm überrascht. Wir bekommen immer wieder neue Anfragen nach Gesprächen mit unseren Soko-Leuten. Interessant ist für die Kollegen aber nicht nur die Soko als solche, es geht auch darum, dass wir einige Rahmenbedingungen geändert haben und etwa auf das beschleunigte Verfahren setzen. Diese Änderungen haben vor allem den Sinn, dass sie die Ermittlungsarbeit der Kollegen erleichtern sollen.

Auch die Justiz hat bei uns ganz hervorragend mitgespielt, das muss man einfach mal sagen – schon allein, weil diese Zusammenarbeit ebenfalls für Kollegen aus anderen Städten oder Bundesländern interessant ist. Denn es geht nicht nur um uns als Soko, sondern immer auch darum, dass es Richter und Staatsanwälte gibt, die klug genug waren, um zu erkennen, dass wir ein Problem haben und dass wir uns mit diesem Problem beschäftigen müssen. Man hat also sehr wohl gemerkt, dass nicht nur die Bevölkerung Hilfe beim Umgang mit der Situation und dem sich durch die vielen Menschen deutlich veränderten Stadtbild benötigt. Sondern dass auch die Polizei Unterstützung benötigt, um in der neuen Lage vernünftig arbeiten zu können. Es war also allen recht schnell bewusst, dass es wenig nützt, wenn man Straftäter dingfest macht, sie aber nach zwei Minuten wieder laufen lassen muss, bevor sie drei Stunden später erneut straffällig werden. Das ist ja auch eines der Probleme gewesen, vor denen wir standen.

Insofern ist die Reaktion innerhalb der Organisation Polizei zumindest auf der Arbeitsebene sehr positiv ausgefallen.

Ob allerdings in Zukunft weitere Sonderkommissionen zum Themenbereich Flüchtlingskriminalität in Deutschland eingerichtet werden, liegt nicht in meinem Ermessen, sondern ist natürlich zunächst jeder Stadt und jedem Bundesland selbst überlassen. Was ich allerdings heute schon sagen kann, ist, dass hier bei uns in der Direktion die Kollegen im nahen Gifhorn inzwischen nach einem ähnlichen Konzept vorgehen wie dem, das wir vorgelegt haben.

Außerdem ist es ja so, dass man der Situation auch mit der herkömmlichen alltäglichen Konzeption begegnen und sie abarbeiten kann, wenn nicht allzu viel Kriminalität aus dem Kreis der Flüchtlinge hervorgeht. Wir haben die Sonderkommission ja eingerichtet, weil in der Tat die Zahlen der Straftaten angestiegen waren und wir überhaupt erst einmal ermitteln wollen, wie die Situation sich tatsächlich darstellt. Ich kann unser Modell nur empfehlen für solche besonderen Situationen, in denen man besondere polizeiliche Organisationsstrukturen vorhalten muss. Dann macht es durchaus Sinn. Aber wie gesagt, wir sind nicht die Lehrmeister der Republik, und letztlich muss jeder selber wissen, wie er es macht und wie er mit der Situation vor Ort am besten umgehen kann. Bei uns jedoch hat sich gezeigt, dass es eine gute, eine sinnvolle und auch eine erfolgreiche Maßnahme war.

Natürlich ist mit der Einrichtung einer solchen Soko auch die Hoffnung auf einen Lerneffekt verbunden. Ein Lerneffekt innerhalb der Gruppe der kriminellen Flüchtlinge, der sich quasi automatisch auch über das Land ausbreiten kann. Denn hier bei uns und in der Landesaufnahmebehörde verweilen die Flüchtlinge eben nur sechs Wochen, danach werden sie auf andere Orte verteilt. Treffen sie dort ein, so jedenfalls meine Hoffnung, haben die Kriminellen unter ihnen inzwischen schon die Erfahrung gemacht, dass zumindest in unserer Stadt von der Polizei sehr genau verfolgt und bekämpft wird, wie und womit kriminelle Flüchtlinge straffällig werden.

Es war also von uns und von Seiten der Justiz schon eine Idee im Hinterkopf, dass es sich unter den kriminellen Flüchtlingen herumspricht, wenn wir die Gesetze hier bei uns konsequent anwenden und uns auch die Mühe machen, mit sehr viel Personal in die Problematik hineinzugehen. Und es spricht sich ja nicht nur unter den Flüchtlingen herum, die bereits in Deutschland sind. Es spricht sich auch herum bis runter nach Nordafrika. Dort erzählt man sich dann sehr wohl, dass man nicht einfach in diese Stadt im Norden Deutschlands kommen und rücksichtslos seinen kriminellen Aktivitäten nachgehen kann. Die Menschen wissen also schon sehr früh, dass man hier nicht klauen kann, ohne dafür zur Verantwortung gezogen zu werden. Das mussten einige schon sehr schmerzhaft erfahren, und sie haben anderen von eben diesen Erfahrungen berichtet. Diese Art von Repression kann also auch präventiv wirken.

Das ist nicht einfach nur so dahingesagt, sondern wir merken das an den Zahlen. Die Kriminalität ebbt langsam ab. Es wird weniger, und das, obwohl die Personen an sich immer noch hier sind. Aber sie sind eben durch die gemachten Erfahrungen auch deutlich vorsichtiger geworden. Wir wissen, dass bestimmte ethnische Gruppen untereinander natürlich auch Kontakt halten. Wir hatten einen Fall, in dem der Verdächtige nach seiner Festnahme sagte: Wenn er gewusst hätte, was ihn hier erwartet, wäre er gar nicht erst hierher gekommen. Das ist natürlich im Grunde ein Pyrrhussieg, ein Erfolg, der auch mit Verlusten erkauft werden musste. Und so etwas zeigt natürlich noch nicht, dass derjenige wirklich verstanden hat, dass er hier keine Straftaten begehen darf. Aber er hat zumindest verstanden, dass er durch etwaige Straftaten durchaus Probleme bekommen kann. Genau deswegen macht es Sinn, wenn andere dem nachfolgen und schon wissen, dass wir hier auch die Kriminellen verfolgen, die sich aus dem Kreis der Asylbewerber rekrutieren.

Sinn macht es nicht nur vor dem Hintergrund, dass diese Menschen sich mindestens zweimal überlegen, ob sie eine Straftat begehen. Sinn macht es vor allem auch aus dem Grunde, dass solche Personen ja gleich doppelt Schaden anrichten. Denn sie schaden auf der einen Seite ihren eigenen Landsleuten, die aus gutem Grund hier Asyl suchen und gar nichts mit wie auch immer gearteten kriminellen Aktivitäten zu tun haben. Zum anderen schaden sie denjenigen, die unter ihren kriminellen Taten zu leiden haben, und sie schaden am Ende auch sich selbst und anderen Flüchtlingen dadurch, dass ihre Kriminalität dazu führt, dass sich Teile der deutschen Bevölkerung radikalisieren.

DIE ANGST VOR DEM ERSTEN TOTEN

Kriminalhauptkommissar Torsten Heuer, Leiter der Soko

Ich mag es gar nicht sagen, aber ich befürchte sehr stark, dass es irgendwann den ersten Toten in der Stadt beziehungsweise in der Landesaufnahmebehörde geben wird. Jeder zweite Nordafrikaner dort hat ein Messer in der Tasche. Schon jetzt kommt es immer wieder zu Körperverletzungen mit dem Messer und auch zu Bedrohungen. Was da geschieht, ist in manchen Fällen schon knapp vor einem Tötungsdelikt.

Ein Beispiel in dem Zusammenhang ist ein Fall, der zunächst einmal gar nicht mit körperlicher Gewalt zu tun hatte, der am Ende aber auch zeigte, wie sich eine Bedrohung verstärken kann, wenn plötzlich ein Messer ins Spiel kommt: Es gibt bei der Kriminalpolizei die Ermittlungsgruppe Tasche, die sich ausschließlich mit Taschendiebstahl beschäftigt. In diesen Bereich fällt auch das bereits beschriebene sogenannte Antanzen, mit dem auch Betrunkene abgelenkt und aus dem Gleichgewicht gebracht werden und das sehr verbreitet vorkommt. Das Prinzip dahinter ist ebenso heimtückisch wie erfolgreich. Geht der Täter allein vor, zieht er im Moment der Ablenkung zum Beispiel das Handy oder die Geldbörse aus der Hosentasche des Opfers und entfernt sich dann schnell. Besonders häufig wird dieses Antanzen aber von zwei oder mehr Tätern durchgeführt. Während der eine das Opfer antanzt, wird es von einem anderen Täter beklaut, der dann umgehend verschwindet. Bemerkt das Opfer dann doch, dass ihm etwas gestohlen wurde, gibt sich der Antanzer vollkommen unschuldig. Bei ihm ist schließlich kein Diebesgut zu finden, und sein Kompagnon lässt sich nicht mehr ausfindig machen. Hinzu kommt, dass die Dunkelziffer beim Antanzen sehr hoch ist – gerade stark betrunkene Opfer wissen nämlich am nächsten Tag schon gar nicht mehr, was ihnen eigentlich passiert und wo die Geldbörse abgeblieben ist.

In dem Fall, von dem ich berichten möchte, ging es darum, dass zwei Kollegen dieser Ermittlungsgruppe Tasche auf Streife waren. Sie suchten also auch nach Personen, bei denen die Wahrscheinlichkeit sehr hoch war, dass sie in nächster Zeit einen Taschendiebstahl begehen. Die Kollegen wissen aus Erfahrung, bei wem das der Fall sein könnte. Sie kamen dann an einen Ort in der Innenstadt, von dem bekannt ist, dass sich dort sehr viele Asylanten treffen. Dort gibt es unter anderem einen Kiosk und ein An- und Verkaufsgeschäft – vor allem an den Abenden ist unter den Arkaden in der Nähe der Bushaltestelle immer sehr viel los. Dort also bemerkten die Kollegen zwei Personen, die ihnen verdächtig vorkamen. Bei beiden handelte es sich um Asylbewerber, die schließlich tatsächlich auf einen Deutschen zugingen. Sie quatschten den Mann voll, und der erste Täter nahm ihm sehr geschickt die Kopfhörer weg, fasste ihm außerdem noch in die Tasche, um ihm einen MP3-Player abzunehmen. Die Beute reichte er nach hinten zu seinem Mittäter weiter. Die Kollegen hatten all das mitbekommen und sie riefen nun »Halt, Polizei!«. Derjenige, an den die Beute weitergereicht worden war, ließ sich auch problemlos und ohne Widerstand festnehmen. Der Haupttäter dagegen wollte sich nicht festnehmen lassen, obwohl die Kollegen ihren Ausruf »Halt, Polizei!« in verschiedenen Sprachen wiederholten, sodass der Täter sich nicht damit herausreden konnte, er wisse nicht, wer diese Personen seien. Dann kam es zu dem Moment, in dem einer der Kollegen dem Haupttäter einen Arm umdrehen wollte – und gleichzeitig bemerkte, dass dieser mit der anderen Hand in die Hosentasche griff und ein Messer mit einer 16 Zentimeter langen Klinge hervorzog. Dieses Messer konnte der Kollege durch eine schnelle Reaktion noch wegschlagen, es ist also glücklicherweise nicht eingesetzt worden.

Beide Täter sind anschließend wegen schweren Widerstandes gegen Vollstreckungsbeamte sowie Diebstahl mit Waffen in Untersuchungshaft gekommen. Die Hauptverhandlung wird in Kürze stattfinden, und ich gehe davon aus, dass beide nicht mit einer Strafe unter zwei Jahren davonkommen werden. Was auch bedeutet, dass sie eben keine Bewährungsstrafe kriegen werden.

Dass ich aber irgendwann mit einem ersten Toten oder Tötungsdelikt in der Landesaufnahmebehörde rechne, hat gar nicht mal etwas damit zu tun, dass es grundsätzlich eine entsprechende kriminelle Energie unter einigen Flüchtlingen gibt. Vielmehr geht es um die Lebensumstände, die dort herrschen, um den Alltag der Menschen. Und dieser Alltag besteht vor allem aus Langeweile und Nichtstun. Es gibt dort kaum andere Möglichkeiten, als sich mit Alkohol oder kurzen Ausflügen in die nähere Umgebung abzulenken. Ich persönlich bin der Meinung, dass wir einfach Möglichkeiten finden müssen, diese Menschen zu beschäftigen. Wir müssen ihnen die Langeweile nehmen. Hinzu kommt die Enge, in der die Flüchtlinge leben. Manche Zelte teilen sich 50 Personen, da sind dann Alleinreisende ebenso wie Familien mit Kindern untergebracht. Da gibt es keinerlei Intimsphäre, keine Rückzugsräume, um einfach mal zur Ruhe zu kommen. Außerdem finden sich unter den Flüchtlingen sehr viele junge und agile Menschen im Alter zwischen 18 und 25 Jahren, die einfach nicht wissen, was sie mit ihrer Energie machen sollen. Da staut sich mit der Zeit sehr viel Aggressivität auf. Wenn ich als Bewohner immer wieder auch verfeindeten Personen begegne, denen ich einfach nicht aus dem Weg gehen kann oder die etwa bei der Essensausgabe drängeln, ist irgendwann das Geduldsfass so voll, dass es überläuft. Eine Schlägerei ist dann fast unausweichlich, und manchmal kann man nur hoffen, dass es bei einer reinen Schlägerei bleibt. Dazu ist auch zu sagen, dass manche Nationalitäten das auch gar nicht anders kennen: Dort gilt das Faustrecht. Da wird im Zweifelsfall gar nicht erst die Polizei geholt, weil man dort auch kein Vertrauen zu der Polizei hat. Wir sind es gewohnt, umgehend die Polizei zu rufen, wenn uns beispielsweise etwas gestohlen wurde. In manchen Regionen der Erde aber ist das keineswegs so, weil die Polizei dort einen ganz anderen und manchmal auch zweifelhaften Ruf hat. Also werden Dinge untereinander geklärt, und zwar nicht selten auch unter Einsatz von Messern. Eine unserer Aufgaben besteht also auch darin, nicht nur Delikte zu verfolgen und Straftäter dingfest zu machen, wir müssen auch noch die Tatsache vermitteln, dass man in Deutschland der Polizei wirklich vertrauen kann. Wir planen daher, künftig Flugblätter in verschiedenen Sprachen zu verteilen, auf denen sinngemäß steht »Rufen Sie uns an, wir sind für Sie da«.

Aber auch hier muss noch einmal gesagt werden, dass meine Befürchtungen nicht allein darauf beruhen, dass es sich um Flüchtlinge handelt. Es geht in erster Linie um die Situation, in der sich die Menschen befinden, und die hat in weiten Teilen eben gar nichts damit zu tun, dass es sich um Menschen unterschiedlicher Nationalitäten handelt. Stecken wir 1000 deutsche Jugendliche über Tage oder Wochen ohne jegliche Beschäftigung in ein Zelt, wird es auch dort zu Auseinandersetzungen kommen, die möglicherweise eskalieren.

Dass gerade viele Flüchtlinge aus Nordafrika wie selbstverständlich Messer bei sich tragen, ist allerdings noch einmal eine ganz andere Sache. Für diese Menschen ist das mehr oder weniger selbstverständlich, aber natürlich ist genau das bei uns verboten. Wir finden kleine und große Messer, Küchenmesser, Schweizer Messer, alle Varianten. Ich glaube nicht, dass die meisten Flüchtlingen mit solchen Waffen bei uns ankommen, ich gehe vielmehr davon aus, dass sie sich die Messer hier erst besorgen. Auf welchen Wegen das geschieht, kann ich nur vermuten. Tatsächlich ist es so, dass die Menschen nehmen, was sie bekommen können, wenn es darum geht, sich zu verteidigen oder andere zu attackieren. Wir hatten auch schon Schlägereien, die mit Stangen von Bettgestellen ausgetragen wurden. Bei diesen Schlägereien wird richtig zugelangt. Die Verletzungen, zu denen es damit immer wieder kommt, sind nicht ohne. Nur haben wir für so etwas auch noch nie jemanden bestrafen können, weil wir – wie schon geschildert – einfach keine Zeugen bekommen. Wenn sich 70 Leute schlagen und die Kollegen mit zehn Streifenwagen dorthin fahren, haben die auch erst mal ganz andere Dinge zu tun, als nach Zeugen zu fragen. Sie müssen zunächst einmal dafür sorgen, dass die Situation nicht weiter eskaliert, müssen die Menschen zur Räson bringen. Ich war gerade erst vor Ort mit meinem Stellvertreter, als plötzlich 40 Flüchtlinge aufeinander losgingen.

Das alles, die Fälle und das tägliche Arbeitsaufkommen, haben inzwischen auch Auswirkungen auf das Privatleben der Kollegen in der Soko. Ich merke bei mir selbst, dass ich schon von den Fällen und dem, mit dem wir es jeden Tag zu tun haben, träume. Trotzdem macht mir genau diese Arbeit immer noch unglaublich viel Spaß, was die meisten Menschen nicht verstehen können oder wollen. Was mir Spaß macht, ist vor allem, dass ich die gesamte Sache, die Soko also, komplett selbst beziehungsweise in Zusammenarbeit mit meinem Stellvertreter aufbauen konnte. Ich konnte mir die Leute aussuchen, ich konnte Strategien entwickeln. Außerdem ist es natürlich auch eine große Herausforderung, 14 Leute zu führen. Natürlich interessiert mich auch die Thematik an sich, und es ist zudem sehr spannend, bei einem so hochpolitischen Thema dabei zu sein. Nicht zuletzt ist es auch sehr interessant, dass die Soko ja die unterschiedlichsten Delikte bearbeitet. Alles in allem ist es eine Führungsfunktion, die mir sehr viel Spaß macht. Außerdem merke ich durch diese Arbeit, wie ich mich selbst entwickle, zum Beispiel im Umgang mit Menschen. Und das, obwohl die Arbeit gleichzeitig abartig anstrengend ist und ich ständig eine Unmenge an Wissen und Fakten parat haben muss.

Immer wieder werde ich gefragt, wie denn die Reaktionen im privaten Umfeld auf meine Arbeit mit den Flüchtlingen beziehungsweise in der Soko ist. Dazu kann ich Folgendes sagen: Meine Freundin ist unglaublich stolz auf mich, und sie findet es auch toll, wenn ich mich so stark engagiere. Sie steht vollkommen hinter mir. Natürlich wirkt es sich auch auf die Beziehung aus, wenn ich gerade am Wochenende wieder zur Dienststelle fahre und lange arbeiten muss. In den ersten acht Wochen nach Einrichtung der Sonderkommission war ich fast jedes Wochenende auf der Dienststelle. Das hat natürlich auch Einfluss auf das Privatleben.

Mein 24-jähriger Sohn findet die Sache auch super. Er ist allerdings noch sozialer eingestellt als ich es bin. Und vor unserer ersten Pressekonferenz hat er mich gebeten, dort auch zu sagen, wie man die bestehenden Probleme lösen könnte. Es sei ja in Ordnung, wenn ich Asylbewerber einsperren müsse, aber ich solle ebenfalls davon berichten, wie man diese Sache handeln könnte. Mit zusätzlichen Freizeitangeboten oder Deutschkursen etwa.

Insgesamt sind die Reaktionen auf meine Arbeit und die Soko meistens positiv. Immer wieder höre ich von Bekannten, dass sie mir einfach Glück wünschen. Dazu muss ich sagen, dass ich diesen Job nun schon 32 Jahre mache und die Menschen mich als jemanden kennen, der alles, was er anfängt, auch mit Herzblut macht. Ich bin also engagiert bei der Sache und zwar nicht einfach aus dem Grund, dass ich damit mein Geld verdiene. Das einzige Problem an dieser Herangehensweise besteht darin, dass ich oft nach einem halben Jahr ein wenig zurückfahren muss, weil es einfach unmöglich ist, für unbegrenzte Zeit Vollgas zu geben.

Was ich dazu weiterhin sagen möchte: Ich hole mir in dieser verantwortungsvollen Position natürlich auch Rat in meinem privaten Umfeld. Mein bester Freund ist leitender Kriminalbeamter in München und sehr stark in das Thema Soko-Arbeit und in Personalverantwortung eingebunden. Gerade mit ihm habe ich mich intensiv über diese Themen ausgetauscht und wertvolle Ratschläge bekommen.

Mit meinen Freunden, die nicht bei der Polizei arbeiten und in der freien Wirtschaft Personalabteilungen führen, unterhalte ich mich sehr oft über Mitarbeiterführung und deren Erfahrungen. All diese Gespräche sind höchst hilfreich und bringen mir viel.

Natürlich gibt es aber auch die anderen Fragen. So werde ich zum Beispiel ständig gefragt, warum wir Straftäter nicht einfach abschieben. Ich muss den Menschen dann erklären, dass das eben so einfach nicht geht. Oder Bekannte erzählen mir, dass sie schlicht und einfach Angst haben, wenn sie durch die Stadt gehen. Eine gute Freundin geht abends nicht mehr alleine in die Stadt, sondern nur noch gemeinsam mit ihrem Freund. Der sage ich dann, dass ich sie verstehe. Ich saß selber vor kurzem in der Stadt in der Nähe der Fußgängerzone, als mehrfach Asylbewerber in großen Gruppen von zehn oder auch mal 15 Personen vorbeigekommen sind. Das Stadtbild hat sich durch die große Zahl an Flüchtlingen verändert, und selbst ich finde es zum Teil beängstigend. Dabei geht es nicht um die tatsächlichen Straftaten von Flüchtlingen, sondern einfach um das, was mir als Mensch und Bürger dieser Stadt auffällt. Diese Asylbewerber, die mir dort begegnen, können natürlich auch einfach nur in der Stadt unterwegs sein, weil sie einkaufen wollen oder sich nach etwas Abwechslung außerhalb der Landesaufnahmebehörde sehnen. Nur ist es so, dass es sich um eine große Zahl fremder und vielfach auch dunkelhäutiger Menschen handelt, was vielen Deutschen einfach etwas Angst macht. Auch wenn es zu Angst tatsächlich keinen Anlass gibt. Aber es sind eben nicht nur die wirklichen Handlungen, sondern es ist auch die Art, wie sich gerade viele männliche Flüchtlinge geben. Manche zum Beispiel starren Frauen häufig an, was bei diesen Frauen ein ungutes Gefühl auslöst. Manchmal sind es gerade im Bereich der Innenstadt auch regelrecht anzügliche oder provozierende Blicke. Die stellen natürlich keine Straftat dar, aber es lässt sich gut nachvollziehen, dass Frauen sich unwohl fühlen. Ich kann auf der anderen Seite nachvollziehen, dass junge, allein reisende Männer gewisse Bedürfnisse oder Gelüste haben – nur machen die sich kaum oder keine Gedanken darüber, wie sich die Frauen fühlen. Es ist für jemanden wie mich eine seltsame Situation. Ich weiß anhand der Fälle, die wir bearbeiten, dass in der Regel in solchen Situationen nichts geschieht. Trotzdem kann ich auf der anderen Seite die Ängste der Menschen und gerade der Frauen nachvollziehen. Das ist ein Widerspruch, und es ist irgendwie auch kein Widerspruch. Vielleicht verbergen sich dahinter sehr tief sitzende Vorurteile, von denen sich viele Deutsche nicht vollkommen befreien können, selbst wenn sie wissen, dass die Realität völlig anders geartet ist. Vielleicht geht es am Ende auch darum: Dass wir mit unserer Arbeit damit beschäftigt sind, die Vorurteile vieler Menschen und nicht zuletzt unsere eigenen abzubauen.

Dann muss ich noch eine Sache sagen: Man wird durch diesen Beruf auch eine Spur pessimistisch, oder anders gesagt: Man erwartet nicht mehr, dass alle Menschen immer nur das Beste im Sinn haben. Weil es bei unserer Arbeit immer wieder auch darum geht, dass Menschen zu äußerst Schlechtem oder Bösem fähig sind. Wer nicht bei der Polizei ist, läuft meiner Überzeugung nach blauäugiger durchs Leben. Wenn ich mit meiner Freundin durch die Stadt gehe und feststelle, dass ihre Handtasche nicht geschlossen ist, sage ich ihr sofort, dass sie die Tasche schließen soll. Ganz einfach weil ich weiß, wie häufig es zu Taschendiebstahl kommt. Ich selbst prüfe außerdem regelmäßig, ob meine Brieftasche oder mein Handy noch dort sind, wo sie sein sollen. Das hat nichts mit Asylbewerbern zu tun, sondern einfach mit den Erfahrungen aus meiner jahrelangen Tätigkeit bei der Kripo.

Und noch einmal zurück zu der diffusen Angst der Bürger und meinem Verständnis dafür: Ich kann nicht nur die Angst vor Fremden verstehen – auch wenn vor einem Fußballspiel die Stadt voller Hooligans ist, würde ich meine Freundin warnen, ausgerechnet zu dieser Zeit alleine in die Innenstadt zu gehen. Das soll sich jetzt nicht zu pessimistisch in Bezug auf die Menschen anhören. Aber insgesamt habe ich schon das Gefühl, dass die Ehrlichkeit abgenommen hat. Hätte ich vor 20 Jahren meine Geldbörse in einer Kneipe verloren, hätte ich sie mit 70 Prozent Wahrscheinlichkeit wiederbekommen, heute würde ich die Chance auf bestenfalls 30 Prozent schätzen. Aber das ist natürlich nur meine ganz persönliche Meinung.

Die Herkunft und die Frage der Kriminalität

Woher die Flüchtlinge stammen, die nach Deutschland kommen, ist weitestgehend bekannt. Zu möglichen Straftaten einzelner Nationalitäten werden zwar immer wieder entsprechende Fragen gestellt, tatsächlich aber liegen dazu noch keine offiziellen und bundesweiten Erkenntnisse vor.

Laut dem Bundesamt für Migration und Flüchtlinge kamen im Jahr 2015 aus Syrien beziehungsweise in der Amtssprache der Arabischen Republik Syrien 158 657 Menschen nach Deutschland – das entspricht einem Anteil von 35,9 Prozent an den Flüchtlingszahlen, und macht Syrien somit zum Hauptherkunftsland.

Albanien liegt mit 12, 2 Prozent und 53 805 Flüchtlingen auf dem zweiten Rang und damit noch vor dem Kosovo, Afghanistan oder dem Irak. Aus dem Kosovo flohen 33 427 Menschen nach Deutschland, ein Anteil von 7,6 Prozent. 7,1 Prozent der Flüchtlinge kamen aus Afghanistan, von dort flohen insgesamt 31 382 Menschen zu uns. Mit 29 784 Flüchtlingen liegt der Irak fast gleichauf und hat einen Anteil von 6,7 Prozent an den Flüchtlingen.

Dahinter klafft dann eine große Lücke bei den Herkunftsländern. 16 700 Menschen und damit 3,8 Prozent der Flüchtlinge kamen aus Serbien, 10 876 oder 2,5 Prozent aus Eritrea und 9 083 beziehungsweise 2,1 Prozent aus Mazedonien. Dahinter folgt dann noch Pakistan mit 8 199 Flüchtlingen und 1,9 Prozent.

Zu berücksichtigen ist aber auch, dass eine große Zahl von Menschen den Kategorien »Verschiedene« oder »Ungeklärt« zugeschrieben wird. Unter »Verschiedene« fallen 78 265 oder 17,5 Prozent der Flüchtlinge. »Ungeklärt« ist der Status beziehungsweise der Herkunftshintergrund bei 11 721 beziehungsweise 2,7 Prozent der Menschen.

ENDLICH EINE GEORDNETE UND DURCHDACHTE ERFASSUNG

Wenn ich gefragt werde, was wir als Bund Deutscher Kriminalbeamter in Zusammenhang mit dem Flüchtlingszustrom fordern, dann lautet meine Antwort: Zunächst einmal eine zentrale Erfassung der Flüchtlinge. Und zwar nicht irgendeine, sondern eine gescheite Erfassung. Also nicht so eine wuselige Art der Erfassung wie sie beim Bundesamt für Migration und Flüchtlinge BAMF oder dem Ausländerzentralregister lange Zeit praktiziert wurde und auch immer noch praktiziert wird. Es muss sich vielmehr um eine geordnete und durchdachte Art der Erfassung handeln, auf deren Daten die Ermittlungsbehörden dann auch in Echtzeit zugreifen können. Wenn wir also jemanden hier haben und im Rahmen der Fast-ID einen Fingerabdruck nehmen, um festzustellen, um wen es sich handelt, muss die Polizei eine Zugriffsmöglichkeit auf alle gängigen Datenverarbeitungssysteme haben, die sich mit einer solchen Thematik befassen. Einschließlich EURODAC, also der europäischen Datenbank zur Speicherung von Fingerabdrücken. Das allerdings ist im Moment noch nicht der Fall. Vielmehr ist es bei der BAMF so, dass man dort sehr zögerlich arbeitet und es einen wochenlangen Verzug gibt. Das heißt also: Wir haben einen Verdächtigen und überprüfen den, dann stellen wir fest, dass sich der in keinem System findet. Das muss aber alles sehr, sehr, sehr viel schneller gehen, als es aktuell der Fall ist. Das wäre schon mal eine der entscheidenden Forderungen, um überhaupt der Problematik der Identifizierung Herr zu werden.

Ein weiteres drängendes Problem in Zusammenhang mit den Flüchtlingen ist die enorme Belastung der Polizei in der aktuellen Situation. Denn es ist ja nicht nur die Flüchtlingsproblematik an sich, die uns belastet. Die Polizei ist vielmehr inzwischen in vielen Bundesländern zu einer Art Sparschwein verkommen. Da wurden Personalstärken reduziert, es wurden Dienststellen abgebaut. Hinzu kommt, dass in vielen Bereichen gar keine gescheite Ausbildung mehr stattfindet. In Niedersachsen gibt es seit inzwischen 20 Jahren keine sinnvolle und zielführende Ausbildung mehr für Kriminalistinnen und Kriminalisten. Was gemacht wird, ist einfach eine Einheitsausbildung. Wenn die Leute dann auf die Dienststellen kommen, haben wir häufig Probleme. Wir fangen dann praktisch noch einmal von vorne an mit der Grundausbildung.

Es ist ja auch so, dass einem niemand glaubt, wenn man von der Art der Ausbildung bei der Polizei berichtet. Egal wohin ein Bewerber am Ende will und was sein berufliches Ziel innerhalb der Organisation ist, die Ausbildung ist eigentlich immer identisch. Man geht auf die Akademie, macht da sechs Semester sein Studium, und das soll angeblich ausreichen, um alle Aufgaben der Polizei bewältigen zu können. Was natürlich völliger Unsinn ist, wie ich denke. Ich weiß, dass es sogar Probleme gibt, wenn die Kolleginnen und Kollegen nach dieser Ausbildung im Streifendienst sind. Weil schon da grundlegendes Wissen fehlt. Alles in allem ist die Ausbildung einfach schlecht. Wir haben zwar einen akademischen Grad hinten dran, nur ist der eben in der Realität nichts wert.

Eine weitere Forderung des BDK besteht daher darin, dass ganz gezielt auch Kriminalistik und Kriminologie wieder in den Schulunterricht eingeführt werden. Dazu gehört auch, dass an der Deutschen Hochschule der Polizei wirklich wieder die Führung für kriminalpolizeiliche Dienststellen ausgebildet wird. Es muss hier dringend ein Lehrstuhl für Kriminalistik und Kriminologie eingerichtet werden. Aus eigener Erfahrung kann ich sagen, dass eine große Kripo-Dienststelle kaum geführt und ausgerichtet werden kann, wenn ich keinerlei Vorerfahrung in der Kriminalitätsbekämpfung habe. Damit tut man auch unseren jungen Nachwuchskräften keinen Gefallen. Als verantwortlicher Leiter einer Kriminalpolizei sollte ich die Facetten der Kriminalität und deren Bekämpfungsmöglichkeiten kennen. Nicht als primus inter pares, sondern als Kenner der Szene. Auch hier muss die Politik sich endlich entscheiden. Nämlich Fachleute auszubilden, sowohl für Schutz- Kriminal- und Wasserschutzpolizei, oder den Allroundbeamten, der von allem etwas, aber gar nichts richtig kann.

Es muss einfach so sein, dass die Kolleginnen und Kollegen dort eben gezielt auch für uns ausgebildet werden. Denn es kann nicht angehen, dass ich erst mal wieder mit der Ausbildung anfangen muss, wenn Nachwuchs zu uns an die Dienststelle kommt. Ich schicke die Kolleginnen und Kollegen auf ihren Einsatz im Streifendienst, danach gehen sie an die Kriminalwache, die wir hier haben, und danach gehen sie erst an die Kommissariate. Im Grunde investieren wir auf diese Weise noch einmal die Zeit, die schon an der Akademie investiert worden ist – für allen möglichen Unsinn, der dem Nachwuchs dort vermittelt und gelehrt wird. Aber so ist es halt, das Märchen vom Einheitspolizisten. Dieses Märchen ist leider irgendwann einmal den Innenministern in die Ohren geflötet worden, und man hat denen versichert, dass sie unglaublich viel Geld sparen, wenn sie alle Polizeibeamten nach einem einzigen und identischen Muster ausbilden.

Nur ist das wie gesagt eben auch völlig praxisfern. Denn hinterher investiert man dann wieder sehr viel Geld in die Fortbildung. Das kostet insgesamt noch viel mehr, und wenn man die Kosten zusammenrechnet, kommt dabei eine Milchmädchenrechnung heraus. Aber es gibt neben dem Bund

Deutscher Kriminalbeamten ja auch noch zwei andere Gewerkschaften, die auf diesem Gebiet tätig sind, und die ganz anderer Meinung als wir sind. Insbesondere die Gewerkschaft der Polizei lehnt eine Differenzierung der Ausbildung ab und proklamiert vehement weiter das Bild der Einheitspolizei. Weil man dort der Meinung ist, dass es keine bessere und keine schlechtere Polizei gibt beziehungsweise geben darf. Nur geht es genau darum ja gar nicht. Es geht nicht darum, dass die Kripo besser ist als die Schutzpolizei – wir haben in der Kriminalpolizei nur ganz andere Aufgaben. Und es käme ja auch niemand auf die Idee, die Wasserschutzpolizei nicht den Anforderungen oder Aufgaben entsprechend auszubilden. Die setzt man ja auch nicht einfach auf ein Schiff, lässt sie losfahren und hofft dann, dass schon alles glatt gehen wird. Insgesamt handelt es sich bei dem ganzen Thema um eine sehr krude Diskussion.

Ich möchte die Situation noch einmal anhand eines Beispieles erläutern, das gar nichts mit der Polizei zu tun hat und das doch sehr deutlich macht, um was es mir und den Kollegen vom Bund Deutscher Kriminalbeamter (BDK) geht. Nehmen wir an, ein Autohersteller errichtet ein neues Werk oder eine neue Produktionslinie. Dann werden nach der Fertigstellung sicher nicht nur Mechatroniker eingestellt. Weil man weiß, dass man für die Produktion Mitarbeiter mit unterschiedlichen Fähigkeiten beziehungsweise Fachkenntnissen benötigt. Es werden also Ingenieure eingestellt, es werden Logistiker eingestellt und dazu zum Beispiel auch noch EDV-Spezialisten. Diese Menschen haben natürlich alle unterschiedliche Ausbildungen durchlaufen, die ihnen das benötigte Fachwissen vermittelten. Bei der Polizei dagegen wäre es völlig anders. Man würde alle diese Stellen, die Spezialwissen erfordern, mit Kollegen besetzen, die allesamt ein und dieselbe

Ausbildung durchlaufen haben. Es wäre sicher interessant mitzuerleben, was dann am Ende für ein Auto vom Band rollt. Ohne die Mannschaften im sächsischen Zwickau beleidigen zu wollen: Vermutlich würde in dem hochmodernen Werk etwas entstehen, das verblüffend an den DDR-Volkswagen Trabant erinnert.

Insgesamt bedeutet das Thema Einheitsausbildung ein großes Problem für die Polizei in Deutschland, gerade auch in Zusammenhang mit der Flüchtlingsthematik. Wobei man sagen muss, dass dieses Problem nicht die gesamte Bundesrepublik betrifft. Es gibt nämlich durchaus Bundesländer, die bereits bemerkt haben, dass dieser Weg in die falsche Richtung führt. Hamburg, Schleswig-Holstein, Berlin oder auch Hessen verfahren schon lange nicht mehr nach dem Prinzip des Einheitspolizisten. Die bilden ihren Kripo-Nachwuchs speziell aus. Niedersachsen dagegen geht an das Thema nicht ran, weil es angeblich nicht notwendig ist. Meiner Meinung nach verbirgt hinter einer solchen Aussage jedoch lediglich die Angst vor zusätzlichen Kosten, die dem Land durch eine Veränderung der Ausbildung entstehen könnten. Der Regierung ist all das wohl zu teuer. Wir allerdings sagen, dass genau das nicht der Wahrheit entspricht. Von 500 Polizisten, die eingestellt werden, nimmt man einfach zwei Ausbildungsgruppen, die speziell für die Anforderungen der Kriminalpolizei geschult werden. Danach werden sie dann auch direkt auf die Kripo-Dienststellen verteilt. Wo ist also das Problem? Aber so weit sind wir eben noch nicht.

Was wir zum Bekämpfen der Flüchtlingskriminalität allerdings auf keinen Fall benötigen, sind schärfere Gesetze. Wir als Bund Deutscher Kriminalbeamter sind kein Berufsverband, der schärfere Gesetze fordert. Denn genau das bringt in der Regel gar nichts. Wir haben bereits Gesetze, die gut

sind. Das Problem, das wir allerdings auch haben, besteht
darin, dass genau diese Gesetze eben nicht angewendet werden. Häufig werden die Gesetze und die darin enthaltenen
Möglichkeiten einfach nicht vollständig ausgeschöpft. Die
Folge sind dann Gerichtsurteile, bei denen man sich ungläu-
big fragt, was denn das wieder ist. Aber das ist eben auch die
Freiheit der Justiz und gehört wohl einfach dazu. Nur ist das
für uns vielfach wieder ein Problem. Am Ende führt das wieder dazu, dass Menschen marodierend durch die Straßen ziehen und vielleicht auch Einbrüche begehen. Solche Menschen
in Haft zu nehmen, scheitert häufig daran, dass ein Staatsanwalt vielleicht sagt, er wisse nicht, ob er die Verfahren durchführen kann und dafür zuständig ist. Zum anderen handele
es sich ja nur um diese eine Tat. Woraufhin wir dann wieder
sagen, dass es eben vermutlich nicht nur diese eine Tat ist,
weil das Spurenbild darauf hindeutet, dass der betreffende
Verdächtige schon mehrere Straftaten begangen hat. Trotzdem gehen Staatsanwälte da dann doch lieber nicht dran.
Was für uns zu der Situation führt, dass wir die Personen
wieder laufenlassen müssen, was für die beteiligten Beamten
immer wieder sehr frustrierend ist. Das wäre allerdings nicht
der Fall, wenn denn tatsächlich die Gesetze konsequent angewendet würden.

Das alles zusammen führt zurück zum Ursprungspunkt,
dem Asylverfahrensgesetz beziehungsweise dem Asylrecht.
Denn die Gesetze konsequent anzuwenden, das bedeutet
auch, die erkennungsdienstliche Behandlung durchzuführen.
Wir dürfen eben nicht einfach sagen, nun kommt mal alle zu
uns, die ihr mühsam und beladen seid. Stattdessen muss die
Ansage lauten, kommt gerne her zu uns, aber haltet euch an
unsere Regeln. Und dazu zählt, dass wir diejenigen immer
auch tatsächlich zweifelsfrei identifizieren können, die zu uns

kommen, um in unserem Land zu leben. Inzwischen gibt es ja auch schon Pläne beziehungsweise Vorschläge, die in diese Richtung gehen.

Eine weitere Frage betrifft die Aufrechterhaltung unseres föderalistischen Systems in dieser fast schon pervertierten Form von 16 Bundesländern, einem Bundeskriminalamt, einer Bundespolizei. Teilweise kommt dann auch noch der Zoll dazu, der in der Sache ebenfalls mit herummischt. Wir bekommen in das Ganze einfach keine Einheit rein. Wir haben unterschiedliche Vorgangserfassungssysteme. Gerade erst habe ich etwas gehört, bei dem ich fast umgefallen wäre, weil es so unglaublich ist. Bislang hatte ich gedacht, dass zumindest bei den Erfassungssystemen für Flüchtlinge nach einem einheitlichen Verfahren vorgegangen wird. Aber nein, auch auf diesem Gebiet ist genau das nicht der Fall. Jedes Bundesland hat wieder ein eigenes System. Das führt zu der nächsten Frage. Die lautet, wie es mit den jeweiligen Schnittstellen funktioniert? In Zusammenhang mit den Polizeicomputern kann ich diese Frage eindeutig beantworten. Dort funktioniert es nämlich nicht so, wie wir es uns wünschen würden. Wenn ich einen Vorgang habe, in dem auch das Bundesland Hessen vorkommt, habe ich ein Problem. Ich muss dann nämlich erst einmal in Hessen anrufen, und die Kollegen fragen, ob die zu der Sache etwas haben. Das bedeutet, dass wir nicht zentral abrufen können, weil wir keinen Zugang zu den Vorgangsverarbeitungssystemen der Kollegen haben. Da liegt also einiges im Argen.

Seit rund 30 Jahren fordern wir inzwischen das Polizeiliche Informations- und Auskunftssystem, kurz PIAF. Nun ist die Entwicklung immerhin so weit fortgeschritten, dass seit Januar 2016 die ersten Zentraldateien aufgebaut werden. Dabei geht es allerdings um Dinge wie Waffen. Ein Bundesland wie Niedersachsen jedoch ist auch in diesem Zusammenhang noch weit zurück, weil wir noch gar nicht die Möglichkeit haben, Informationen in diesem System zu speichern. Aber vielleicht tut sich bis zu Fertigstellung ja noch etwas – denn fertig sein soll PIAF erst im Jahr 2025.

Da fragen sich natürlich Nationen wie Spanien, Frankreich oder auch die Niederlande, die schon seit dem Beginn der Neunzigerjahre mit solchen Systemen arbeiten, was wir hier in Deutschland eigentlich machen. Die fragen, was das denn eigentlich für ein Unsinn ist, der bei uns angestellt wird.

Aber es ist so ähnlich wie die Sache mit der Kulturhoheit: Innenressort und Kultur sind Ländersache, und mehr haben die Länderparlamente eigentlich gar nicht mehr zu bestimmen. Ansonsten sitzen die Abgeordneten ja auch nur herum und streiten sich. Tiefgreifende Veränderungen können sie nur in diesen beiden Bereichen herbeiführen, der Rest liegt beim Bund. Genau deswegen sind die Polizei und die Schulen immer Spielwiesen der Landespolitiker. Was dann wieder auch zu den in ganz Deutschland deutlich unterschiedlichen Ergebnissen führt. Kommt es in einem Bundesland zu einem Regierungswechsel, dann versucht sich wieder jeder Innenminister und jeder Kultusminister in der Kunst, selber ein Denkmal zu basteln. Um beim Beispiel Niedersachsen zu bleiben: Nach einem Regierungswechsel folgte im Jahr 2004 eine Polizeireform. Und auch in Sachen Schule gibt es immer wieder Bewegung, aktuell geht man jetzt wieder auf eine Schulzeit von 13 Jahren, nachdem die bisherige Landesregierung auf zwölf Jahre setzte.

Bei der Polizei geht es ebenfalls ständig hin und her. Mal heißt es, alles soll zentral geregelt sein, mal wird auf dezentral gesetzt – immer wieder hin und her. Es gibt keine klare Linie. Das was uns am meisten Probleme bereitet, ist dann bei überregional agierenden Tätern die Zusammenarbeit mit anderen Bundesländern, und die ist zurückhaltend ausgedrückt eben immer noch sehr mäßig.

Die Landeskriminalämter sind überfordert, und örtliche Dienststellen können das ohnehin gar nicht machen. Hat eine solche Dienststelle Probleme mit einer Gruppe von Tätern, die überregional agiert, haben die Beamten dort schon verloren. Die kommen einfach nicht viel weiter. Erstmal fehlt ihnen das ausgebildete Personal, zweitens finden sie kaum eine Staatsanwaltschaft, die bereit ist, so ein komplexes Verfahren zu übernehmen. Und die Dienststellen für Organisierte Kriminalität, die wir natürlich auch haben, sind personell so schwach ausgestattet, dass sie derartige Verfahren gar nicht erst übernehmen und auch nicht übernehmen können. Wir haben in der Vergangenheit schon Verfahren gehabt, die am Ende einfach im Sande verlaufen sind. Einfach weil niemand in der Lage gewesen wäre und willens war, der Sache mal tatsächlich auf den Grund zu gehen. Das gilt für die Seite der Polizei ebenso wie für die Seite der Justiz.

Aber kehren wir zurück zu den Flüchtlingen. Denn dort setzt sich die angesprochene Problematik natürlich fort, wenn die Menschen von einer Stadt oder einem Bundesland in ein anderes verlegt werden. Die kriminellen Flüchtlinge werden sich dann einfach mit einreihen. Aktuell sind wir in einer Phase, in der wir relativ wenige Probleme haben, was Kriminalität betrifft mit denen, die hier sind. Nur darf man gespannt sein, wie sich die Sache entwickelt, wenn die Parameter nicht eingehalten werden. Also das »Wir kümmern uns um sie, wir sorgen uns um sie, wir bieten ihnen auch wirtschaftliche Grundlagen an, und wir helfen ihnen auch bei dem wichtigen Thema, dass sie die deutsche Sprache lernen«.

Machen wir all das aber nicht oder nicht mehr, dann werden wir sicher den einen oder anderen in spätestens zehn Jahren im kriminellen Milieu wiederfinden. Das ist ja wie schon erwähnt bei der letzten Flüchtlingswelle in den Neunziger-jahren schon so gewesen.

Man kann einfach nur darüber staunen, was alles aus der Vergangenheit *nicht* gelernt wurde. Wir sind auch gescholten worden, als wir gesagt haben, denkt doch bitte mal zurück an die sehr ähnliche Situation zu Beginn der Neunzigerjahre. Wir hatten vorher in den Jahren 1986 bis 1989 die Libanon-krise inklusive dem Beschuss von Beirut durch die Ameri-kaner. In dieser Phase sind Hunderttausende von Libanesen geflüchtet, wie ich schon erwähnte. Einige sind in die um-liegenden arabischen Länder gegangen, aber sehr viele sind damals auch nach Europa und nach Deutschland gekommen. Die hat man aufgenommen, man konnte sie ja auch nicht zu-rückschicken, weil sie aus einem Bürgerkriegsgebiet kamen. Teilweise war auch damals die Identität einzelner Personen nicht klar, und unter den Flüchtlingen befanden sich zudem sehr viele kurdische Familien. Außerdem kamen auch damals schon Flüchtlinge aus dem syrischen Bereich. Im Grunde also wiederholt sich das Problem von damals heute wieder. Nur waren die Flüchtlingsströme damals nicht so massiv wie es heute der Fall ist.

Allerdings hat man nach jener Zeit eben einfach seine Hausaufgaben nicht gemacht. Ich weiß, dass wir Stadtteile hatten, bei denen wir uns bei der Polizei gefragt haben, was die Politik vorhat. Da wurden die Menschen grob gesagt einfach zusammengepackt, und niemand hat auch nur eine Sekunde überlegt, wie es dort weitergehen soll. Man hat die Sache einfach laufen gelassen, und die Menschen sich selbst überlassen. Kein Verantwortlicher hat darüber nachgedacht, zu was das führen kann. Was daraus wurde, zeigt sich heute eben in Städten wie Berlin. Dort haben in einigen Gebieten die Clans die Macht übernommen, die wiederum aus den dort angesiedelten Familien hervorgegangen sind. Zu diesen Entwicklungen ist es gekommen, weil man sich um die Familien nicht gekümmert hat und stattdessen darauf setzte, dass sich alles mit der Zeit von selber regeln werde.

Ich sage es mal so: Wenn man dann nach 20 oder inzwischen fast 30 Jahren feststellt, dass diese Clans und Familiengebilde quasi ihre eigene Gesetzgebung und sogar ihr eigenes Recht sprechendes Oberhaupt haben, das sich sogar noch anbietet, Recht zu sprechen in Konkurrenz zu unserer eigenen Rechtsprechung hier in Deutschland, dann ist das etwas, das mit dem Begriff Fehlentwicklung nur unzureichend beschrieben werden kann. Wir haben ja auch entsprechende Vorfälle gehabt, bei denen uns gesagt wurde, das Familienoberhaupt werde kommen und es werde das vorhandene Problem dann lösen. Wir als Polizei und auch die Justiz sollten uns einfach aus der Sache raushalten, weil man das lieber selber regeln wollte. Nimmt man so etwas widerspruchslos hin und reagiert nicht darauf, muss man sich nicht wundern, wenn irgendwann einmal die Mäuse auf dem Tisch tanzen, sozusagen. Genau das aber ist in vielen Bereichen damals geschehen. Und genau deswegen haben sich solche Clans vollkommen von unserer Gesellschaft abgespalten. Die Familien leben natürlich weiter hier, und sie nutzen auch die Vorteile, die unsere Gesellschaft ihnen bieten kann. Sie wissen durchaus zu schätzen, wie schön und wie sicher man in der Bundesrepublik leben kann. Aber sie kochen eben ihre eigenen Suppen und leben nach ihren selbst aufgestellten Regeln, die häufig wenig mit dem zu tun haben, was wir als natürliche Regeln anerkennen.

Es wäre fatal, wenn wir jetzt neue Suppenköche anstellen, mit neuen Familienclans, die erneut entstehen, weil wir uns nicht darum gekümmert haben und weil wir nicht wirklich versucht haben, sie tatsächlich und ernsthaft zu integrieren.

Natürlich erwarte ich vor diesem Hintergrund nicht, dass die Menschen ihre Identität aufgeben. Ich weiß, dass bei solchen Aussagen sofort wieder jene Menschen aufspringen, die ich mal möglichst neutral die Vertreter einer Multikulti-Welt nenne. Schon der verstorbene Bundeskanzler Helmut Schmidt hat aber gesagt, dass Multikulti gescheitert ist, und dass die deutsche Gesellschaft es bereits in den Sechzigerjahren versäumt hat, Menschen aus anderen Kulturen, die bei uns leben, auch wirklich in ihre Gesellschaft zu integrieren. Genau das ist nämlich der Grund für das Scheitern von Multikulti – dass wir uns nicht um die Menschen kümmern. Wir können sie nicht einfach zu uns ins Land holen und sie anschließend sich selbst überlassen. Multikulti funktioniert dann, wenn wir ehrlich versuchen, die Menschen bei uns zu integrieren. Wenn wir sie fördern, sie aber auch fordern. Wenn wir also von ihnen fordern, dass sie sich unserer Gesellschaftsform anpassen. Dabei geht es nicht darum, dass wir von ihnen verlangen, sie sollten künftig Schweinefleisch essen, und es geht auch nicht darum, von den Menschen zu fordern, dass sie ab jetzt nur noch Jesus Christus anbeten dürfen. Das kann niemand erwarten, und das kann auch niemand fordern. Was aber erwartet werden kann, ist, dass die Zuwanderer die Rahmenbedingungen des Gemeinschaftswesens hier in der Bundesrepublik Deutschland akzeptieren und sie achten. Sie müssen diese Bedingungen anerkennen und sie müssen auch danach leben. Niemand darf für sich Sonderrechte beanspruchen, die über das normale Brauchtum hinausgehen. Alles andere wäre inakzeptabel und geht nicht. Da schließe ich ganz ausdrücklich auch das Verheiraten minderjähriger Mädchen ein oder das Versprechen von minderjährigen Mädchen. So etwas haut bei uns nicht hin, denn es entspricht nicht unserem Lebensstil hier in der Bundesrepublik. Solche Forderungen dürfen aber nicht nur Worte sein, es ist auch darauf zu achten, dass sie tatsächlich befolgt werden. Scheut man jedoch davor zurück, genau das zu machen – sei es aus Bequemlichkeit, falsch verstandener Menschenfreundlichkeit oder Ignoranz –, dann werden wir am Ende wieder ein Problem bekommen. Wenn wir jetzt nicht gescheit reagieren, schaffen wir die gleiche Situation noch einmal.

Nur dieses Mal eben in einem weitaus größeren Rahmen. Denn wie gesagt, die Flüchtlinge, die in den Achtziger- und Neunzigerjahren zu uns kamen, waren zwar sehr viele, doch die Zahlen waren bei weitem nicht mit dem Zustrom zu vergleichen, der uns in dieser Zeit beschäftigt. Doch auch die Zahlen von damals haben uns schon sehr belastet, und die Folgen sind wie erwähnt bis heute im ganzen Land spürbar. Eines muss man indessen fairerweise auch sagen: Die Menschen, die vor mehr als 20, fast 30 Jahren kamen, kamen in das Gebiet der alten Bundesrepublik. Die neuen Bundesländer wurden damals, in der Zeit vor dem Fall der Mauer und der Wende, nicht davon tangiert. Weil die damaligen Flüchtlinge dort ja gar nicht hin gelangt sind, sondern in den alten Bundesländern blieben.

Gerade in den neuen Bundesländern aber weiß die Politik angesichts der aktuellen Situation noch gar nicht so recht, wie die Bevölkerung denn auf den Zustrom reagiert. Wenn man diese Regionen allerdings auch jetzt wieder außen vor lässt, führt das in den westdeutschen Städten natürlich zu nochmals größeren Problemen, als wir sie eh schon haben.

Folgen für das Privatleben

Christine Memenga-Jähne,
Ehefrau des stellvertretenden Soko-Leiters

Die grundsätzliche Problematik im Zusammenhang mit der Flüchtlingskrise war auch mir natürlich schon vor der Gründung der Sonderkommission bekannt, unter anderem durch die Berichterstattung der Medien. Da wurde auch damals schon über Gewalt in Flüchtlingsunterkünften berichtet, darüber, dass auch immer wieder einmal die Polizei einschreiten muss. Bis zum August bekam ich all das aber nur aus zweiter Hand mit.

Dann allerdings kam der Tag, an dem mein Mann mir davon erzählte, dass eine Sonderkommission eingerichtet wurde, die sich ausschließlich mit Flüchtlingskriminalität beschäftigte. Außerdem erzählte er, dass er selbst nun in eben dieser Soko arbeiten werde, und zwar als stellvertretender Leiter. Anfangs habe ich dem noch keine große Bedeutung beigemessen, ich habe mir gesagt, dass ich erst einmal abwarte, was denn da genau geschehen wird. Im Laufe der Zeit habe ich mitbekommen, was die Arbeit mit den Flüchtlingen tatsächlich bedeutet und mit sich bringt. Dabei ging es allerdings nicht um das schon angesprochene Thema Gewalt. Vielmehr stand für mich bald ein anderes Thema im Mittelpunkt: Dass nämlich einige dieser Menschen auch mit Krankheiten zu uns kommen. Anfangs war uns nicht ganz klar, inwieweit für die Polizeibeamten in der Sonderkommission wirklich umfassende Impfschutzmöglichkeiten bestehen oder bestanden haben. Nun ist es bei einem Polizeibeamten ja schon grundsätzlich so, dass er häufig und immer wieder mit Personen in Kontakt kommt, die eventuell Krankheitserreger in sich tragen oder bei denen schon der Mangel an Körperhygiene zur Vorsicht mahnt. Weil das so ist, haben die Kollegen natürlich auch einen grundlegenden Impfschutz, um gegen alle möglichen Krankheiten gewappnet zu sein. Nur ging es nun auch um eventuelle Krankheiten, die mit dem bestehenden Impfschutz nicht abgedeckt waren.

Hinzu kam noch bei meinem Mann, dass die Arbeit auch eine enorme zeitliche Belastung mit sich brachte. Der ganze Familienalltag musste durch die Anforderungen der Sonderkommission neu strukturiert und organisiert werden. Mein Mann war ständig unterwegs, ich bin ebenfalls berufstätig, und wir haben außerdem noch drei Kinder im Alter von 17, 12 und vier Jahren, die ja ebenfalls ihre Eltern brauchen.

Organisatorisch war all das letztendlich auch zu schaffen. Das Schlimme für mich aber war diese Ungewissheit, was mit meinem Mann passiert oder passieren könnte. Da waren eben die Fragen, ob er den entsprechenden Impfschutz hat beziehungsweise bekommt, und inwieweit die Behörde dabei hinter ihm stand. In dem Zusammenhang kamen weitere Fragen auf. Wie direkt wird er mit den Menschen konfrontiert? Welche zusätzlichen Schutzmöglichkeiten bestehen eventuell? Welche Krankheiten kommen überhaupt möglicherweise auf uns zu, und was bedeuten diese Krankheiten wiederum für die Kinder? Schließlich ist unser Jüngster erst vier Jahre alt, und da fragt man sich schon, ob Krankheiten möglicherweise auch mit nach Hause getragen werden können.

Hinzu kam die Frage, welche psychische Belastung auf meinen Mann zukommt durch den täglichen Kontakt mit den Flüchtlingen. Denn die Zustände in der überfüllten Landesaufnahmestelle sind natürlich zunächst vor allem für die Menschen belastend, die dort über Wochen ohne Privatsphäre leben müssen. Die ständige Konfrontation mit der Situation ist aber auch für die dort Arbeitenden und für die Polizisten belastend. Und damit auch für deren Familien. Vor allem auf Dauer ist es eine große Herausforderung, als Angehörige mit all dem umzugehen. Damit verbunden war die tägliche Ungewissheit wegen der großen Arbeitsbelastung durch die Tätigkeit in der Soko. Der Familienalltag geriet unter anderem auch dadurch unter Druck, dass es kaum noch geregelte Abläufe gab und mein Mann häufig erst abends gegen acht von der Arbeit zurückkehrte. Und wenn er wieder zu Hause war, hatte er den Kopf immer noch mit den Themen des Tages voll, weil er als stellvertretender Leiter eine riesige Verantwortung übernommen hatte.

Außerdem war die Soko gerade anfangs auch personell nicht so ausgestattet, wie sie hätte ausgestattet sein sollen. Es waren einfach zu wenige Leute, die dort arbeiteten. Das hat sich mittlerweile zwar geändert, trotzdem ist die Arbeitsbelastung immer noch sehr groß.

Doch was mich wirklich am meisten belastet hat, das war eben die Angst vor den Krankheiten. Und damit verbunden immer wieder auch die Frage, wie gut mein Mann dagegen geschützt ist. Es war ja auch völlig unklar, welcher Impfstatus überhaupt bestehen muss, und welche Impfungen zeitlich überhaupt noch möglich und machbar wären. Denn eine Impfung benötigt ja immer eine gewisse Zeit, bis sie überhaupt ihre volle Wirkung entfaltet. Außerdem war es meiner Erinnerung nach in der Anfangszeit der Soko so, dass gar nicht genügend Impfstoffe vorhanden waren, die mussten vielmehr erst einmal nachbestellt werden.

Die Krankheiten, um die es ging und gegen die ein Impfschutz notwendig oder zumindest sinnvoll waren, waren ja nicht leichtfertig abzutun: Ein Thema war Hepatitis, außerdem ging eine Zeitlang auch das Thema Krätze durch die Medien. Gerade im August, und damit dem Monat der Soko-

Gründung, wurde immer wieder berichtet, dass die Gesundheitsversorgung in den Erstaufnahmeeinrichtungen nicht so gut war, wie sie hätte sein sollen. Was dazu führte, dass immer wieder Flüchtlinge an besagter Krätze erkrankten. Solche Fälle wurden in der ganzen Bundesrepublik bekannt, sie traten in München ebenso wie in Berlin oder Hamburg auf. Diese Hautkrankheit wird von Milben übertragen und laut dem Infektionsschutzgesetz dürfen Menschen sich eigentlich schon bei einem bloßen Verdacht auf Krätze nicht mehr in Gemeinschaftseinrichtungen aufhalten.

Mir ist durchaus bewusst, dass es zu dem Themenbereich Flüchtlinge und Krankheiten sehr unterschiedliche Meinungen beziehungsweise Aussagen gibt. Da sagt die eine Seite, dass die Flüchtlinge zwar häufig aus zerrütteten Staaten kommen, trotzdem seien sie vielfach gegen wirklich bedrohliche Krankheiten geimpft. Es gibt aber auch die andere Seite: So haben Ärzte-Verbände davor gewarnt, dass mit den Flüchtlingen die bei uns eigentlich als ausgerottet geltende Kinderlähmung zurückkehren könnte, auch das gefährliche Lassafieber oder Typhus könnten nach Deutschland importiert werden.

Inzwischen ist mein Mann durch Impfungen weitgehend geschützt. Gerade in der Anfangszeit kam aber eben auch noch die Frage auf, wie sehr wir uns als Familie ebenfalls schützen müssen, wie groß das Risiko für die Kinder eventuell ist. Zumindest in diesem Punkt konnte der Kinderarzt Entwarnung geben, da die Kinder von ihrem Impfstatus her bestmöglich geschützt sind. Aber bis all das festgestellt war, waren die Sorgen schon sehr groß und brachten immer wieder auch eine psychische Belastung mit sich.

Bis dann die Kostenzusagen kamen und mein Mann sowie seine Kollegen geimpft wurden, bestanden sehr viele Unklarheiten. Zu diesen Unklarheiten zählte auch die Arbeit meines Mannes an sich. Es ging dabei ja darum, dass er nun mit ganz anderen Kollegen zusammenarbeiten sollte, und auch das Aufgabengebiet an sich war völlig neu.

Das alles war wie gesagt besonders am Anfang sehr belastend, aber eine wirkliche Normalität ist bis heute nicht wieder eingekehrt. Etwa wenn wir am Wochenende beim Frühstück sind – und mein Mann plötzlich einen Anruf bekommt, weil es da gerade wieder eine Haftsache gibt. Das bedeutet dann nichts anderes, als dass der Samstag nun wieder mit dem Dienst ausgefüllt ist, weil mein Mann ins Büro muss und den Rest des Tages mit seiner Arbeit verbringen wird. In unserem Leben und unserem Alltag ist die Sonderkommission also stets irgendwie präsent und in Teilen auch integriert.

Das liegt natürlich auch daran, dass es immer wieder neue Meldungen über Vorfälle wie Massenschlägereien unter Flüchtlingen in der Landesaufnahmestelle und anderswo gibt. Das war ein weiteres Thema, das ich nicht einschätzen konnte und das mich beschäftigte: Wie groß die Gefahr in Zusammenhang mit solcher Gewallt für meinen Mann eventuell ist. Er hat mich immer wieder beruhigt oder zumindest versucht, mich zu beruhigen. Er hat erzählt, dass er nicht immer direkt mit den Straftätern konfrontiert ist, sondern vieles vom Schreibtisch aus bearbeiten kann. Er hat auf diese Weise versucht, uns als Familie zu schützen – vieles von dem, was er tatsächlich täglich erlebte, hat er uns außerdem vermutlich gar nicht erzählt.

Trotzdem habe ich natürlich immer wieder Teile der Wahrheit über die Medien erfahren. Was wiederum dazu führte, dass ich meinen Mann natürlich fragte, ob er zum Beispiel bei einer bestimmten Festnahme oder einer kritischen Situation dabei war. Bis heute allerdings ist noch keiner der Beamten in der Sonderkommission körperlich verletzt worden – jedenfalls sagt mir das mein Mann. Beziehungsweise schüttelt er bei entsprechender Nachfrage beharrlich mit dem Kopf.

Was ich zum Ende meiner Ausführungen aber auch noch sagen möchte: Es geht mir hier nicht nur um mich und meine Familie. Ich weiß, dass es in der Soko andere Beamte gibt, die ebenfalls Familie und noch recht kleine Kinder haben. Die standen und stehen natürlich vor den gleichen Überlegungen und Sorgen, und auch sie haben mit den immer wiederkehrenden Belastungen durch den immensen Arbeitseinsatz zu kämpfen. Natürlich empfindet jeder Mensch solche Belastungen unterschiedlich. Mir geht es einfach darum, dass Flüchtlingskriminalität und Kriminalität im Allgemeinen immer noch eine andere, eine zusätzliche Seite haben, an die die wenigsten Menschen denken, wenn sie über diese Themen sprechen. Dass es uns um die Bekämpfung der Kriminalität ebenso wie um eine gute Integration der vielen nicht straffälligen Flüchtlinge gehen muss, ist klar. Aber es geht bei dem ganzen Thema immer auch um Menschen, die hinter den Menschen stehen, die sich mit all dem beschäftigen. Und diese Menschen, so wie ich, haben ebenfalls Sorgen, Ängste oder Bedürfnisse.

EINGESCHLEUSTE TERRORISTEN
GEHEN SICHER NICHT ZU FUSS

Immer wieder werden wir natürlich auch gefragt, ob wir Erkenntnisse darüber haben, dass mit den Flüchtlingsströmen auch Terroristen zu uns kommen. Speziell der IS ist dabei ein Thema, also die Terrormiliz des sogenannten Islamischen Staates, die immer wieder durch Gräueltaten in die Schlagzeilen gerät und die nicht zuletzt für die Anschläge in Paris Ende 2015 verantwortlich ist, beziehungsweise die Verantwortung für die Anschläge, bei denen 130 Menschen ihr Leben verloren, übernommen hat.

Wie schon erwähnt, haben wir in der Soko vorsichtshalber auch von Anfang an einen Kollegen vom Staatsschutz mit eingebaut. Nur haben wir bislang überhaupt keine Anhaltspunkte dafür, dass mit den Flüchtlingen tatsächlich auch Terroristen zu uns ins Land kommen.

Dabei sind wir gerade in dieser Direktion eigentlich ein IS-trächtiger Bereich. In der niedersächsischen Stadt Celle etwa fand von August bis Dezember ein großer Prozess um IS-Kämpfer aus dem Raum Wolfsburg statt. Die beiden Angeklagten hatten sich vom IS als Kämpfer und Selbstmordattentäter rekrutieren lassen. Getötet allerdings haben sie niemanden, sondern kehrten desillusioniert zurück nach Deutschland. Trotzdem wurden sie allein für ihre Mitgliedschaft in einer terroristischen Vereinigung zu drei Jahren beziehungsweise zu vier Jahren und drei Monaten Haft verurteilt. In Braunschweig selbst wiederum existiert eine große salafistische Gemeinde mit wachsender Anhängerschaft, die auch für den Verfassungsschutz ein Thema ist.

Fragt man mich aber konkret, ob es da eine Verbindung oder Verknüpfung gibt zwischen den asylsuchenden Menschen und diesen Personenkreisen, kann ich nur antworten, dass wir dazu keinerlei Erkenntnisse haben.

Natürlich kann nun jemand mit dem Gegenargument oder der Frage kommen, woher wir das denn so genau wissen oder zu wissen glauben, inmitten des Chaos', das es bei der Registrierung von Flüchtlingen gibt. Trotzdem gibt es ein ganz klares Argument dafür, dass sich unter den Flüchtlingen keine wirklichen Terroristen befinden. Und dieses Argument besteht schlicht darin, dass das Gros der Flüchtlinge eine wochen- oder gar monatelange und sehr beschwerliche Flucht über Tausende von Kilometern hinter sich hat.

Für mich als Kriminalist ist es nämlich eher unwahrscheinlich, dass der Islamische Staat sich die Mühe macht, seine Leute auf genau dieser Route zu Fuß zu uns zu schicken. Das hätten die nämlich auch viel einfacher haben können, und warum sollten die über die Asylbewerberheime gehen? Warum sollten die sich der Gefahr aussetzen, dass ihre Leute womöglich an den Grenzen dann doch auch erkennungsdienstlich behandelt werden?

Meine Meinung ist die: Wenn es bei uns IS-Terroristen gibt, dann sind sie entweder schon eine Weile hier oder und vor allem sind sie dann auch auf ganz anderen Wegen zu uns gekommen. Wäre ich verantwortlich dafür, beim IS Kämpfer in verschiedene Nationen einzuschleusen, würde ich das völlig anders angehen. Inzwischen ist ja durchaus bekannt, dass auch eine gewisse Zahl junger Muslime aus westeuropäischen Staaten in die vom IS beherrschten Gebiete gereist ist, um sich dort den Kämpfern anzuschließen. Es wäre also vergleichsweise einfach, eine dieser Personen mit einem deutschen Pass zu nehmen, und sie schlicht in ein Flugzeug nach Deutschland zu setzen.

Natürlich kann auch ich nicht vollkommen ausschließen, dass etwa Personen mit terroristischen Tendenzen aus Syrien oder dem Libanon mit dem Flüchtlingsstrom nach Europa gereist sind. Nur haben die dann nicht in den Asylbewerberheimen Zuflucht gesucht und sie waren nicht in den Landesaufnahmestellen. Wenn, dann sind solche Personen während der Phase mitgekommen, in der jeder frei nach Deutschland einreisen konnte. Das kann man wie erwähnt nicht vollkommen ausschließen, aber es gibt bei uns eben keinerlei Anhaltspunkt, dass es sich tatsächlich so verhalten hat und dass IS-Terroristen bei uns unterwegs sind.

Was wir allerdings auch nicht wissen, ist die Antwort auf die Frage, ob etwa auch Kämpfer aus Nordafrika mit dem Flüchtlingsstrom zu uns gelangt sind. Man vermutet, dass es solche Personen im Heer der Flüchtlinge gibt. Eine andere Frage ist dann auch noch, ob es sich dabei um Terroristen handelt, die sich zudem terroristisch bei uns betätigen wollen. Vielleicht sind sie aber auch selber vor der Gewalt in ihrer Heimat geflohen, an der sie sich womöglich anfangs als Kämpfer auch selbst beteiligt haben. Was wir wissen, ist, dass wir teilweise wirklich Kriminelle unter den Flüchtlingen finden, die schon in ihrer Heimat ausgesprochen kriminell aktiv waren. Das kann man bei einigen schon an deren Tätowierungen festmachen. Denn auch in Nordafrika gibt es das Phänomen der für den Knast typischen Tätowierungen. Nur haben diese Personen dann meistens keine Papiere. Das ist aber nicht der klassische IS-Terrorist, mit dem wir es dann zu tun haben.

Was wir beobachtet haben, und zwar bundesweit, ist die Tatsache, dass sich die salafistischen Gemeinden jetzt schon für die Gruppen der Asylbewerber interessieren und sie entsprechend betreuen. Das ist in der Tat alarmierend. Die Personengruppen um bestimmte Hassprediger, die hier in der Bundesrepublik aktiv sind, muss man beobachten. Ich gehe aber auch fest davon aus, dass die entsprechenden Stellen an dem Thema ohnehin längst dran sind. Eine örtliche Polizeidienststelle wäre damit überfordert.

Immer wieder kommt daneben die Frage auf, ob hier bereits ansässige kriminelle Clans ihren Nachwuchs unter den Flüchtlingen aus ihren Heimatländern rekrutieren. Um dazu eine exakte Aussage zu treffen, ist es allerdings noch zu früh. Es wird immer wieder kolportiert, dass abends große dunkle Limousinen vor den Landesaufnahmestellen und Asylbewerberunterkünften auftauchen, nur kann es dafür eine Vielzahl von Gründen geben. Verwandtenbesuche etwa.

Wir können jedoch nicht vollkommen ausschließen, dass es zu solchen Versuchen kommt. Weil ja teilweise auch familiäre Bindungen zwischen den Flüchtlingen von heute und denen von vor 20 Jahren bestehen, die ja besagte Clans in Deutschland überhaupt erst aufgebaut haben. Was daraus wird, muss die Zukunft zeigen. Erst einmal müssen wir überhaupt feststellen und wissen, mit wem wir es zu tun haben. So lange wir nicht wissen, mit wem wir es zu tun haben, können wir auch diese Verknüpfungen nicht herstellen. Aus kriminalistischer Sicht will ich jedoch nicht ausschließen, dass wir da noch die eine oder andere große Überraschung erleben werden.

Der ganz normale Wahnsinn – ein alltäglicher Tag

Kriminalhauptkommissar Torsten Heuer, Leiter der Soko

Der normale Arbeitstag beginnt bei mir fast immer um kurz nach halb sieben am Morgen. Sobald ich aufgestanden bin, rufe ich erst mal auf der Dienststelle an und frage, ob wir eine Haftsache haben. Dann rufe ich den Kriminaldauerdienst an und frage ebenfalls, ob es eine Haftsache gibt. Das mache ich zunächst einmal für mich, damit ich schon vorbereitet zur Dienststelle fahre. Auch damit ich eventuell schneller oder eher hinfahre, wenn ich weiß, dass etwa zwei Haftsachen vorliegen. Dann überlege ich auf der Fahrt schon, wer den Fall übernimmt und was wir eventuell noch alles erledigen müssen. Was ich außerdem noch erledige: Ich schreibe mir morgens daheim schon Zettel auf, was ich an dem Tag alles machen will und muss.

Die Regeldienstzeit beginnt um halb acht, allerdings habe ich das bei uns in der Sonderkommission etwas aufgeweicht. Es ist mir im Grunde egal, wann die Kollegen anfangen. Aber um Punkt acht müssen alle bei der ersten Besprechung sein. Wenn wir eine Haftsache haben, habe ich mir bis zu diesem Termin schon den Fall durchgelesen und im Dezernat angerufen, wo Polizeipräsident und Vizepräsident sitzen. Dort gibt es eine regionale Analysestelle, die wiederum für die ganze Polizeidirektion Braunschweig analysiert, welche Straftaten in den Statistiken auftauchen. Denen berichte ich dann von unserem Fall, weil die sich jeden Morgen mit dem Polizeipräsidenten und den Dezernatsleitern zusammensetzen. Die sollen einfach schon einmal wissen, dass wir wieder zwei Täter eingesperrt haben. Das kann man Informationsfluss nennen, oder man sagt, dass ich denen die Arbeit der Soko verkaufe. Für mich ist es beides.

Was mir dabei noch einfällt: Die Soko sollte zunächst eigentlich Pro Asyl genannt werden. Dieser Name wurde allerdings schnell wieder geändert, als man feststellen musste, dass es einen eingetragenen Verein gleichen Namens gibt. Also wurde die Sonderkommission umbenannt, und aus Pro Asyl wurde die Soko Asyl. Das allerdings hielt auch nicht lange, denn über die Polizeiführung wurde entschieden, dass Soko Asyl auch nicht der passende Name sei. Weil man der Meinung war, der Begriff Asyl sei negativ behaftet, die Bevölkerung könnte so glauben, wir würden alle Asylbewerber in eine Ecke drängen – in die kriminelle Ecke. Was ja nie der Fall und auch nie die Idee hinter der Bezeichnung war. Also überlegte man neu und entschied, dass die Sonderkommission nun die Zusatzbezeichnung Zentrale Ermittlungen erhalten soll, kurz ZERM. Das ist ein Name, der grundsätzlich beschreibt, was wir tun. Wir wollen ja zentral ermitteln gegen alle straffällig gewordenen Asylbewerber. Ich persönlich allerdings wurde nicht gefragt, was ich von der Bezeichnung halte, ich habe aber auch kein Problem mit dem Namen. Ich kann nur vermuten, was die wahren Hintergründe der Umbenennung sind. Ich denke es nicht zu weit gegriffen, wenn man vermutet, dass es auch von politischer Seite Druck gegeben hat.

Aber ich schweife ab, kehren wir zurück zum Tagesablauf. Der normale Tag mit einer Haftsache unterscheidet sich von einem normalen Tag ohne Haftsache grob gesagt nur dadurch, dass wir mehr Stress haben. Ich lese mir die Haftsache durch, rufe dann bei den genannten Stellen an, damit alle informiert sind. Anschließend rufe ich unserer Chef Herrn Küch an und informiere ihn darüber, dass wir eine Haftsache haben. Außerdem schreibe ich wahrscheinlich noch eine Mail an die zuständige Stelle. Wenn es also ein Raub ist, schreibe ich eine Mail an die Chefin des Raubdezernates – oder ich rufe auch sie an, weil ich sie inzwischen schon 30 Jahre kenne. Ich erzähle also, dass wir wieder einen Raub haben und die Sache bearbeiten.

Danach folgt dann um acht Uhr die Besprechung. Wenn ich Glück habe, sitzen alle 14 Kollegen im Besprechungsraum, meistens sind es allerdings nur zehn. Krank, Urlaub, sonst was – also genau das, was man auch aus jedem anderen Betrieb kennt. Vielleicht haben sich auch zwei Kollegen schon abgemeldet und sind rausgefahren zu einer Vernehmung. An dieser Stelle möchte ich explizit aber auch einmal die hervorragende Arbeit unserer Soko-Mitglieder ansprechen: Sie haben jeweils rund 30 bis 40 Fälle auf dem Tisch, müssen zahlreiche zeitintensive Vernehmungen mit Dolmetschern durchführen, haben ständig mit verschiedenen Personalien der Täter zu tun, führen massenweise Telefonate bezüglich des Aufenthaltes dieser Person, und dazu kommen alle zwei bis drei Tage Haftsachen, die einen den ganzen Tag in Anspruch nehmen. Vorführberichte, Absprachen mit der Staatsanwaltschaft, Vorführungen vor dem Richter und anschließender Transport zur JVA. Außerdem nehmen diese Haftsachen weitere Tage in Anspruch, da diese gravierenden Fälle auch von uns, der Soko, bis zum Abschluss mit allen erforderlichen Ermittlungen endbearbeitet werden. Zudem teilen wir uns in der Soko seit August jedes Wochenende mit vier Beamten die Rufbereitschaft, während der wir die aktuellen Haftsachen bearbeiten. Und das sind nicht wenige, also geschätzt mindestens jedes Wochenende – Weihnachten und Silvester eingeschlossen – müssen zwei von uns raus und arbeiten. Von mir und meinem Stellvertreter, mit dem mich inzwischen ein freundschaftliches Verhältnis verbindet, kann hier gesagt werden: Hut ab vor diesem Engagement, ohne diese Mitarbeit wären wir nicht da, wo wir jetzt stehen.

Aber zurück zur morgendlichen Besprechung. Neben mir sitzt bei diesen Besprechungen meine Assistentin, die jeden Tag Protokoll führt, was sehr wichtig ist. In der Regel fange ich dann nicht mit dem Tagesgeschehen an, sondern mit Grundsätzlichem. Da geht es etwa darum, ob und wann wir Digitalfunk bekommen, dass eines unserer Dienstfahrzeuge in die Werkstatt muss und so weiter und so fort. Danach erst geht es um den aktuellen Tag. Der Grund für diese Abfolge besteht vor allem darin, dass Dinge nicht miteinander vermischt werden und dass die Aufmerksamkeit nicht womöglich wegsackt. Wenn ich zuerst von der Haftsache erzählen und dann erst zum Grundsätzlichen kommen würde, wären die Kollegen vielleicht nicht mehr so aufmerksam.

Dann kommt der Moment, in dem ich kurz und knapp über die Haftsache informiere. Schließlich frage ich die Kollegen, was von deren Seite noch anliegt, woraufhin vielleicht ein Kollege wiederum von einer Haftsache berichtet. Oder es wird berichtet, wer aus der Haft entlassen beziehungsweise nicht entlassen wurde, dass es womöglich noch ein Problem mit der Ausländerbehörde gibt und so weiter.

Kehre ich danach in mein Büro zurück, ist es meist so, dass inzwischen schon wieder mehrere Leute angerufen haben. Vielleicht der Chef, ein Kollege, irgendjemand anderes. Dann geht der alltägliche Wahnsinn weiter: Unmengen an Mails, weitere Telefonate, Kollegen, die ein- und ausgehen. Dazu Kollegen, die neu in ihrem Bereich sind, und erst einmal Unmengen an Fragen haben. Irgendwann ist es Mittag, und nicht selten frühstücken mein Stellvertreter und ich gegen 13 Uhr. Es mag sich nach Koketterie anhören, aber es ist tatsächlich so, dass wir immer wieder das Essen am Morgen schlicht und einfach vergessen.

Danach geht es weiter, manches läuft wie am Vormittag. Aber ich verbringe nicht den Rest des Tages nur im Büro. Mal muss ich raus zur Landesaufnahmebehörde fahren, um Dinge abzusprechen. Mal muss ich mich mit der Staatsanwaltschaft besprechen. Irgendwann ist es dann 16 Uhr und die meisten Kollegen verabschieden sich in den Feierabend. Das ist der Punkt, an dem mein Stellvertreter und ich endlich einmal Zeit haben, weil niemand mehr reinkommt und auch niemand mehr anruft. Nun können wir tatsächlich in Ruhe interne Dinge besprechen, können darüber reden, was wir noch machen müssen oder wer inzwischen alles angerufen hat. Einfach damit wir beide auf dem gleichen Stand der Dinge sind. Gegen 18 Uhr machen wir dann Feierabend. Was bedeutet, dass unser Arbeitstag in der Regel rund zehn Stunden lang ist.

Es ist tatsächlich so, dass sich ein Großteil unseres Alltags im Büro abspielt. Ich suche allerdings auch den persönlichen Kontakt. Bevor ich jemanden anrufe, gehe oder fahre ich lieber selber hin und bespreche das direkt mit der Person. Ein persönliches Gespräch hat immer eine ganz andere und höhere Qualität. Das habe ich zwar schon immer so gehalten, aber gerade jetzt mit der Soko ist es besonders wichtig, Kontakte zu pflegen oder aufzufrischen.

Was auch noch zu sagen ist: Am Tag gehen bei uns bestimmt um die 50 Anrufe ein. Ich habe in meiner Laufbahn schon viel erlebt, ich war bei der Zielfahndung, beim MEK – aber was hier in den ersten drei Monaten der Soko geschehen ist, übertrifft alles, was ich bisher kannte. Es ist bestenfalls mit einigen Momenten bei der Zielfahndung zu vergleichen, wenn wir einen Täter wirklich gejagt haben. Nur handelte es sich dann um vielleicht eine Woche Volldampf, in der nahezu rund um die Uhr gearbeitet wurde. In der Soko dagegen hält der Volldampf nun schon Monate an. Das lag zunächst daran, dass alles neu war und erst einmal organisiert werden musste. Dann daran, dass die Kollegen sich erst einmal finden und die internen Abläufe optimieren mussten. Außerdem gibt es immer wieder neue Schrauben, an denen wir drehen müssen. Egal, ob es um die erkennungsdienstliche Behandlung geht, um rechtliche Voraussetzungen für vorläufige Festnahmen oder auch die Absprachen mit der Staatsanwaltschaft. Was man ja auch bedenken muss: Mir fällt aus der Vergangenheit keine Sonderkommission ein, in der so viele unterschiedliche Ressorts beziehungsweise Fachkommissariate gebündelt wurden, wie es bei uns der Fall ist.

Als alles losging, wurde ich auch gefragt, wen ich in der Soko haben möchte. Zumindest rund die Hälfte konnte ich mir dann auch tatsächlich selbst auswählen. Ich habe diejenigen genommen, die für mich die besten sind, und die außerdem sehr motiviert sind. Es ist wie in jedem Beruf: Es gibt sehr gute, es gibt gute, und es gibt eben auch Leute, die man lieber nicht nimmt. In keinem Beruf trifft man ausschließlich auf eine Elite – egal ob es Arbeiter beim Autohersteller, Richter, Staatsanwälte oder eben Polizisten sind. Wichtig war bei der Auswahl für mich außerdem die Frage, mit wem ich zwischenmenschlich gut auskommen kann. Und dazu kommt der Umstand, dass es sich um Kollegen handelt, die was schaffen, und die auch selber Ideen haben.

Eine Rolle gespielt hat für mich natürlich auch die Einstellung zum Thema Flüchtlinge. Das ist ein heikles Thema, aber auch so etwas spielt eine Rolle. Denn es ist naheliegend, dass man bei dieser Arbeit schnell in eine rechte Ecke gerückt wird, und das wollen wir auf keinen Fall. Weil wir da nicht hingehören. Mein Freundeskreis ist multikulti, er umfasst Italiener, Deutsche, Türken, Kurden – wobei die Nationalität letztlich überhaupt keine Rolle spielt. Ich habe mit Sicherheit gar nichts gegen Ausländer – absolut überhaupt nichts. Aber es gibt eben auch bei uns, um es einmal vorsichtig auszudrücken, Kollegen, die nicht gerne mit Ausländern zusammenarbeiten. Da gab es zum Beispiel einen Kollegen, den ich eigentlich dabei haben wollte. Der hat auf meine Anfrage aber geantwortet, dass er das nicht machen möchte. Er mochte nicht mit unserer Klientel arbeiten. Ich will über diese Person hier nicht weiter berichten, weil es die Sache dieses Kollegen ist. Aber um möglichen Vermutungen gleich mal einen Dämpfer zu verpassen: Der Kollege hat auch gesagt, dass er ebenso wenig mit Kindern oder Jugendlichen gleich welcher Herkunft arbeiten möchte. Weil er emotional schlecht damit umgehen kann, wenn ihm so ein Rotzlöffel gegenübertritt, der nicht viel mehr als »Was willst du, Bulle?« sagt.

Ich finde es im Grunde sogar gut, dass der Kollege so schnell und so deutlich gesagt hat, dass er nicht in die Soko will. Denn mit jemandem, der nur mit halbem Herzen dabei ist oder irgendwelche Aversionen pflegt, können wir nicht gut arbeiten.

Die jüngste Flüchtlingswelle
kam nicht überraschend

Es gibt einen weiteren Punkt, der mir sehr wichtig ist und der mich im Laufe meiner Dienstzeit immer wieder beschäftigt hat. Dabei geht es um die Frage, wie legitim es ist, dass die Politik versucht, eigene Versäumnisse durch die Polizei lösen zu lassen. Und zwar nicht nur in Zusammenhang mit dem Flüchtlingsproblem. Um das zu erläutern, möchte ich einige Jahrzehnte in der Geschichte zurückgehen, und zwar bis in die Sechzigerjahre des vergangenen Jahrhunderts. Damals gab es ein großes gesellschaftliches Thema, nämlich die Unzufriedenheit der Jugend. Später kam dann die sogenannte AKW-Bewegung, die sich gegen die Nutzung atomarer Energie aussprach und die dagegen sehr intensiv protestierte.

Beides waren Situationen, in denen die Politik überhaupt nicht mehr weiter wusste. Und beides waren Situationen, in denen sich die Politik ihrer Polizei bediente. Ich persönlich halte das unter dem Strich für eine Art von Missbrauch. Denn die Polizei ist nicht dazu da, gesellschaftliche Probleme zu lösen. Die Aufgabe der Polizei besteht vielmehr darin, dafür Sorge zu tragen, dass die Menschen in dieser Gesellschaft friedlich miteinander leben.

Aber genau das, was damals schon geschah, erleben wir in der aktuellen Situation nun schon wieder. Die Polizei wird dafür benutzt, Defizite auszugleichen. Seien es Defizite in der öffentlichen Verwaltung oder auch Defizite in der Betreuung von Flüchtlingen. Aber, ich wiederhole es gerne noch einmal, all das sind nicht unsere Aufgaben. Vor allem fühlen sich manche Kollegen durch solche Einsätze beziehungsweise Tätigkeiten missbraucht im wahrsten Sinne des Wortes. Gerade erst haben wir erneut einen Erlass bekommen, dass weitere

100 Beamtinnen und Beamte an die Landesaufnahmestellen abzugeben sind. Aber das sind keine polizeilichen Aufgaben. So etwas hat mit der eigentlichen Polizeiaufgabe überhaupt nichts mehr zu tun. Wenn man schon immer so sehr auf Gewaltenteilung drängt, muss man auch berücksichtigen, dass die Polizei exekutiv tätig ist. Sie ist also keine Verwaltungspolizei oder dafür da, die Arbeit der Kommunen zu übernehmen. Aber immer wieder wird argumentiert, dass die Städte das ja nicht übernehmen können und es sich eigentlich um ein Problem des Landes handele. Höre ich so etwas, kann ich allerdings nur sagen, dass die Herrschaften doch bitteschön mal ihre Hausaufgaben machen sollen.

Es ärgert uns auch sehr, dass man jetzt so tut, als wären wir von dieser Flüchtlingswelle regelrecht überrollt worden. Tatsache ist nämlich: Das Bundeskriminalamt hat bereits vor fünf Jahren darauf hingewiesen, dass diese Wellen kommen werden. Dahinter verbirgt sich allerdings keine prophetische Meisterleistung. Das hätte sich jeder selber ausrechnen können, der weiß, dass eins und eins zwei ergibt. Habe ich irgendwo auf der Welt ein Kriegsgebiet, in dem die kriegerischen Handlungen auch massiv die Bevölkerung beeinträchtigen, dann ist es alles andere als ein Wunder, dass eben diese Bevölkerung aus besagten Gebieten verschwindet oder zu verschwinden versucht. Diese Bevölkerung hat dann im Grunde zwei Möglichkeiten: Entweder geht sie in die Nachbarländer oder sie hat Kontakt zu Menschen in Europa und will denen nun nachfolgen.

Gerade diese Kontakte nach Europa gibt es sehr häufig in den Regionen, aus denen die Menschen nun zu uns strömen. Und daher drängen die Menschen aus den Kriegsgebieten massiv in den Norden der Erdkugel. Das sind aber eben alles keine neuen Probleme. Und daher fühlt man sich als normaler Mensch und als Polizeibeamter ehrlich gesagt ein wenig veralbert, wenn man Sätze hört wie »Wir konnten ja damit nicht rechnen und wir sind einfach überrascht und überrollt worden«. Nein, wir sind nicht überrollt worden, all das war Folge lange bekannter Umstände und ist daher fast schon zwangsläufig geschehen. Genau so wie es klar ist, dass es zu Problemen kommt, wenn man Tausende Menschen auf engstem Raum zusammenpfercht. Jedem klar denkenden Menschen ist vollkommen klar, dass es dort dann zu Schlägereien kommt oder dass ethnische Auseinandersetzungen hochkochen. Das weiß jeder Student im ersten oder zweiten Semester Kriminologie, Psychologie oder Soziologie. So etwas kann nicht problemlos funktionieren, aber man lässt es immer wieder so weit kommen. Sind die Probleme dann auch wirklich verstanden, holt man die Polizei dazu und versucht, sie die besagten Probleme lösen zu lassen. Das ist ein Missbrauch unserer Kolleginnen und Kollegen.

Entwicklung der jährlichen Asylantragszahlen seit 1953

1995	166 951
1996	149 193
1997	151 700
1998	143 429
1999	138 319
2000	117 648
2001	118 306
2002	91 471
2003	67 848
2004	50 152
2005	42 908
2006	30 100
2007	30 303
2008	28 018
2009	33 033
2010	48 589
2011	53 347
2012	77 651
2013	127 023
2014	202 834
2015	476 649

Quelle: Bundesamt für Migration und Flüchtlinge (Stand: Dezember 2015)

Ein Mann namens Elvis

Polizeikommissar Matthias B., Sachbearbeiter der Soko

Ich bearbeite gerade den Fall eines jungen Bosniers mit dem Vornamen Elvis. Von diesem jungen Mann kann man durchaus sagen, dass er den Behörden ziemlich auf der Nase herumtanzt. Was man wiederum auch mit einem kleinen verschmitzten Lächeln feststellen muss. Denn dieser Elvis zeigt uns sehr genau, dass man in der Bundesrepublik gewisse Dinge anstellen kann, ohne dass einem dafür dann auch Konsequenzen drohen.

Dieser Elvis ist seit Januar 2015 in Deutschland, und er hat seitdem schon eine ganze Reihe Ladendiebstähle mit erheblichen Schadenssummen verübt. Mal ist er mit Landsleuten gemeinsam auf Beutezug gegangen, mal ist er ganz allein losgezogen. Und er ist immer noch auf freiem Fuß, ist nicht ein einziges Mal wegen seiner Taten rechtskräftig verurteilt worden. Ich rede dabei nicht von vielleicht sechs oder sieben Taten, sondern von 20 oder gar 22 Taten. Er ist noch nicht einmal im Rahmen des beschleunigten Verfahrens vorgeführt worden.

Der Witz an der Sache: Elvis hat sich bei der Landesaufnahmebehörde mit einem provisorischen Heimausweis angemeldet und den natürlich auch ausgefüllt. Tatsächlich ist er aber in der Behörde nie registriert worden. Vielmehr hat er irgendwann angegeben, dass er freiwillig aus der Bundesrepublik wieder ausreisen will. Daraufhin bekam er zur Antwort, dass er dafür nun aber eine Ausnahmegenehmigung benötige. Worauf Elvis entgegnete, dass er genau die auch beantragen möchte. Die Ausländerstelle der Landesaufnahmebehörde hat besagtem Elvis also für den 11. und 12. September 2015 eine Ausnahmegenehmigung erteilt, damit er in diesem Zeitraum nach Berlin fahren kann, um sich dort bei der bosnischen Botschaft ein Pass-Ersatzpapier zu holen. Eben damit er freiwillig ausreisen kann und in seiner bosnischen Heimat mit dem Passersatz auch anerkannt wird. Elvis aber hat sich einfach nur die Ausnahmegenehmigung geben lassen, in der Botschaft dagegen ist er nie erschienen. Für ihn war die Genehmigung im Grunde nur ein Freifahrtschein, um im Land herumzureisen – und dabei natürlich wieder weitere Straftaten zu begehen.

Gerade gestern habe ich mit einem Kollegen einige Behördengänge erledigt, dabei habe ich einen Mitarbeiter von der Ausländerstelle beinahe schon beiläufig gefragt, wie denn der Stand der Dinge in Sachen Elvis ist, ob man von dem in der Zwischenzeit noch mal etwas gehört habe. Die Antwort lautete, dass man Elvis für den nächsten Tag um neun Uhr vorgeladen habe, weil man ihn in Abschiebehaft bringen wolle. Meine nächste Frage lautete, ob man denn wirklich davon ausgehe, dass der Bosnier zu dem Termin erscheinen werde. Da sei man recht zuversichtlich, bekam ich nun zur Antwort. Ich habe mir dann noch die Telefonnummer der zuständigen Sachbearbeiterin geben lassen, und die am folgenden Tag angerufen. Was sie sagte, war das, was ich schon erwartet hatte: Elvis war zu dem Termin nicht aufgelaufen. Am Nachmittag bekam ich dann einen Anruf von einem Kollegen des Fachkommissariats drei, der die illegalen Einreisen in die Bundesrepublik bearbeitet. Der Kollege berichtete mir, dass Elvis dort dann tatsächlich doch gegen zehn Uhr aufgetaucht war. Als Grund vermutete er, dass Elvis das Geld ausgegangen war und er sich neu registrieren lassen wollte, um an Sozialhilfeleistungen zu gelangen. Tatsächlich verhielt es sich genau so, wie mir wiederum ein anderer Sachbearbeiter bestätigte.

Was mich zu der Frage führte, was denn nun mit der Abschiebehaft sei. Ich erklärte dazu auch, dass Elvis schon mehrmals durch Ladendiebstähle aufgefallen ist. Der Mann druckste etwas herum und sagte, dass das Ganze ein schwieriges Thema sei. Am Ende hieß es jedoch sinngemäß: Nur weil der ein paar Ladendiebstähle auf seinem Konto hat, wird er noch lange nicht abgeschoben. Das also ist die Rechtslage in Deutschland. Ich habe mit Elvis in wenigen Wochen sechs Verfahren wegen Ladendiebstahls gehabt. Mal hat er gestohlene Kleidung in einem Rucksack versteckt, mal hat er sie über der eigenen Kleidung angezogen, er hat präparierte Taschen bei sich gehabt oder auch Überwachungskameras mit seinem Körper so abgedeckt, dass man die Diebstahlshandlungen nicht erkennen konnte.

Insgesamt muss ich bei Elvis aber schon sagen: Hut ab. Der Junge nutzt wirklich alle Möglichkeiten und vor allem auch die Probleme bei der Aufenthaltsermittlung von Flüchtlingen aus. Wird er kontrolliert, gibt er halt eine Adresse an, weil er einen wirklichen Personalausweis ja gar nicht besitzt.

Die Frage, die ich mir in diesem und ähnlichen Fällen stelle, ist die, ob Straftäter wie Elvis sich den Umgang mit den Lücken im System selbst Schritt für Schritt im Sinne eines Learning by Doing beibringen, oder ob sie aus ihrer Heimat schon entsprechend vorbereitet zu uns kommen, um dann gezielt der Strafverfolgung ausweichen zu können. Mittlerweile vermute ich, dass es eine Kombination von beidem ist. Eine gewisse Vorgehensweise werden sie sich schon eingeprägt haben, dann lernen sie aber täglich im Alltag auch durch den Umgang mit der Polizei dazu.

Dass Elvis seine Ausnahmegenehmigung beantragt hat, ist vermutlich einzig aus dem Grund geschehen, damit der Vorgang und der Fakt aktenkundig waren. Dadurch konnte er in die Anonymität abtauchen, sich aber auf den Akteneintrag berufen, sollte er doch einmal wieder bei seinen Diebestouren erwischt werden.

Und wieder ist Elvis auch ein Beispiel dafür, dass wir mancher Täter nicht habhaft werden, da wir einfach nicht wissen, wo wir sie finden. Er ist ja schon registriert, wenn er sich in der Landesaufnahmebehörde angemeldet hat, das sagt jedoch überhaupt nichts darüber aus, wo er sich denn wirklich aufhält. Es gibt auch Fälle, in denen wir Personen an der bekannten Adresse aufsuchen, dort erfahren wir aber von anderen Bewohnern, dass der Gesuchte dort zwar mal gewesen ist, allerdings nur, um womöglich Landsleute zu beklauen und dann an einen unbekannten Ort zu verschwinden. Man weiß dann einfach nicht, wo die sind. So lange solche Menschen sich nicht registrieren lassen und dann auch dort bleiben, wo sie registriert sind, können wir als Polizei gar nicht Herr der Lage werden.

Mittlerweile ist es immerhin so, dass in der Landesaufnahmebehörde 3 200 registrierte Personen sind. Sie sind registriert, mit welchen Namen auch immer, aber sie sind immerhin registriert. Ich kann nur hoffen, dass die Behörden und die Politik die Weichen für die Zukunft so stellen, dass die Vernetzung zwischen den einzelnen Behörden künftig besser läuft, und auch die Aufnahme der Flüchtlinge an sich besser und geordneter abläuft. Man kann es nicht oft genug wiederholen: Aktuell sind wir wegen der großen Zahl an Flüchtlingen alle überlastet.

Ein Problem beheben aber auch geordnetere Abläufe in der Zukunft nicht. Dass eben inzwischen unzählige Personen mit fragwürdigen Identitäten schon im Land unterwegs sind. Die alle wieder ausfindig zu machen und auch die Spuren ihrer wahren Identitäten aufzunehmen, das wird eine Mammutaufgabe, deren Umfang sich kaum einschätzen lässt.

Außerdem liegt aktuell zwischen der Ankunft der Flüchtlinge und ihrer Registrierung ein wahnsinnig großes Zeitfens-
ter von sechs bis acht Wochen. Auch die Bearbeitung von
Asylanträgen geschieht nicht von heute auf morgen. Es gibt
Fälle, die wurden vor einem halben Jahr angelegt, sind aber
bis heute immer noch nicht vollständig bearbeitet worden.

Für uns als Polizei bedeutet die aktuelle Situation außerdem: Selbst wenn wir einen Beschuldigten anschreiben und
ihn zu einer Beschuldigtenvernehmung laden, ist der ja nicht
verpflichtet, zu dem Vorwurf etwas auszusagen, das ist auch
grundsätzlich bekannt. Aber selbst wenn aus anderen Bundesländern Anfragen kommen, dass wir Personen für ein Verfahren vernehmen sollen, besteht das Problem, dass wir eben diese Personen nicht immer ausfindig machen können. Habe ich
etwa einen Flüchtling, der in der LAB registriert ist, bekomme
ich dort auf Nachfrage vielleicht die Antwort, dass er dort
auch war, allerdings vor ein oder zwei Wochen unbekannt ver-
zogen ist. Derjenige ist für uns einfach nicht greifbar.

Und noch mal: Derjenige, der dort registriert ist, aber
nicht mehr aufgefunden werden kann, muss nicht derjenige
sein, als der er sich ausgibt. Er kann auch mit einer falschen
Identität beziehungsweise gefälschten Personalien unterwegs
sein. Weil eben lange Zeit jeder hier bei uns einen beliebigen
Namen und andere, vielleicht frei erfundene Daten angeben
konnte, falls er nicht mit einem beziehungsweise seinem Personalausweis oder seiner ID-Karte erstregistriert worden ist.

Im Grunde müssen wir bei der Vernehmung immer auch
darauf vertrauen, dass auf die Frage »Wie lautet Ihr richtiger Name?« wahrheitsgemäß geantwortet wird. Gibt er
nun aber seine eventuell richtigen Personalien an, die aber
wiederum nicht mit denen übereinstimmen, die er in seinem
provisorischen Heimausweis angegeben hat, müssen wir die

Person erst einmal auffordern, uns zu erklären, wie es dazu gekommen ist. Das wäre ein Fall wie bei dem schon zuvor erwähnten Afrikaner mit dem falschen italienischen Personalausweis, der bei uns einen Sozialleistungsbetrug begangen hat. Der hat dann erklärt, wie sein tatsächlicher Name lautet, und dass er die falsche Identität nur angegeben hat, damit er schneller in das Asylverfahren kommt, weil er eben unbedingt nach Deutschland kommen und in seinen erlernten Berufen als Koch oder Kraftfahrer Arbeit finden wollte.

Insgesamt kann die Situation für die Zukunft noch sehr verwirrend werden. Es kann ja dazu kommen, dass wir tatsächlich eine große Zahl von Menschen im Land haben, deren Asylantrag gewährt wurde, die dann sogar einen Job finden und hier ihrer Arbeit nachgehen – von denen wir aber womöglich niemals wissen werden, wer sie tatsächlich sind. Weil ihre Existenz einfach auf ein paar Personalien beruht, die sie sich für einen provisorischen Heimausweis vor langer Zeit einmal ausgedacht haben.

Oder ein anderes Szenario: Bei der Erstaufnahme ging es ja lange Zeit sehr schleppend zu. Bevor die Menschen registriert wurden, mussten sie oft viele Tage warten, sie hockten auf Stühlen oder Treppen, manche schliefen sogar dort. Nun kann sich der eine oder andere gesagt haben, er braucht einfach mal etwas Abwechslung und ist in die Stadt gegangen. Dort begeht er dann eventuell einen Diebstahl und wird von der Polizei festgenommen. Derjenige weiß ganz genau, dass er nun mit dem Namen aktenkundig ist, den er im Zuge der folgenden Vernehmung angibt. Theoretisch konnte der sich aber nun am Nachmittag erneut in der Landesaufnahmebehörde in der Schlange anstellen und sagen, dass er gerade aus Syrien angekommen ist und sich registrieren lassen möchte. Dann füllt er erneut den provisorischen Heimausweis aus und wird nun natürlich nicht die Personalien angeben, mit denen er kurz zuvor von der Polizei aufgenommen worden ist. Im weiteren Verlauf, wenn es eventuell zu neuen Straftaten kommt, müssen wir als Sachbearbeiter den Namen aus dem Heimausweis erst einmal als gegeben hinnehmen – was sollen wir auch anderes machen.

Für die Zukunft gibt es noch eine weitere Frage, die sich heute noch gar nicht beantworten lässt: Was geschieht, wenn in Sachen Flüchtlinge wieder etwas mehr Ruhe eingekehrt ist, und wir etwas mehr Zeit haben? Dann könnte es theoretisch ja sein, dass wir auch ältere Fälle wieder hervorkramen, bei denen uns die angegebene Identität fragwürdig erschienen ist, und wir diese Angaben nun noch einmal intensiver überprüfen. Ob das allerdings so kommen wird, lässt sich heute noch gar nicht sagen. So wie sich auch nicht sagen lässt, ob derartige intensivere Nachforschungen überhaupt Erfolg haben könnten. Zu vermuten ist aber, dass es einige Staaten gibt, bei denen auch intensivere Recherche nicht die wahre Identität zutage fördert, weil Behörden und die Akten gar nicht die Informationen bieten können, nach denen wir suchen. Weil womöglich vieles in Bürgerkriegswirren verloren gegangen ist oder man schon grundsätzlich nicht sehr exakt mit den Angaben umgegangen ist.

Und noch etwas ganz anderes möchte ich ansprechen: Vernehmen wir etwa Verdächtige aus dem kaukasischen Raum, ist es im überwiegenden Teil der Fälle so, dass diese Menschen die Taten auch zugeben. Ich gehe sogar davon aus, dass sie das bewusst machen. Ein Grund dafür könnte darin liegen, dass sie sich mit unserem Rechtssystem recht gut auskennen und wissen, dass sie in so einem Fall wahrscheinlich gar nicht erst eingesperrt werden. Sie können also davon ausgehen, dass sie freigelassen werden und schnell wieder weiterziehen können. Denn es ist ja auch so, dass es sehr selten Täter aus dem kaukasischen Raum gibt, die der Polizei nur einmal auffallen. Man kann eigentlich davon ausgehen, dass diese Personen am nächsten Tag wieder losziehen und bald erneut auffällig werden. Ich als Polizist in Niedersachsen kann aber immer nur feststellen, wo sie denn im Raum Niedersachsen auffällig geworden sind. Weil wir mit einem Bearbeitungssystem arbeiten, das es in Nordrhein-Westfalen, in Berlin oder Hamburg nicht gibt.

Ich kann aber über die Systeme feststellen, wie viele Fallakten es von einer Person in der Bundesrepublik gibt. Dabei kommt es immer auch darauf an, wie man die Sachbearbeitung überhaupt angeht. Gebe ich etwa alle bekannten Alias-Identitäten der Person in den Computer ein, finde ich natürlich auch mehr Vorkommnisse beziehungsweise Taten. Wenn das dann alles sehr akribisch von dem jeweiligen Sachbearbeiter eingetragen wird, formt sich auch ein entsprechend umfangreiches Gesamtszenario. Werden die ganzen Alias-Identitäten aber nicht angegeben und auch nicht eingegeben, haben wir auch kaum Chancen, Herr der Lage zu werden. Machen wir uns jedoch die Arbeit, dann ist das zwar sehr mühevoll und oft auch sehr zeitraubend, es wird uns aber künftig viel Arbeit und Verwirrung ersparen.

Nicht vergessen werden darf in dem Zusammenhang, dass uns ja nicht nur ausländische Kriminelle beschäftigen, sondern dass Polizei, Gerichte und Behörden gleichzeitig auch noch mit deutschen Straftätern beschäftigt sind, die zahlenmäßig einen wesentlich höheren Anteil haben. Nur besteht bei denen eben meist nicht das Problem, dass man erst einmal herausfinden muss, wer denn die Person eigentlich ist.

Ein weiterer Umstand ist schwierig. Von der Landesaufnahmebehörde werden die Menschen ja nach einigen Wochen an weitere Orte verteilt, an denen sie sich dann auch registrieren sollen und das meist tun. Haben wir aber etwa einen Ladendiebstahl aufzuklären und machen uns am neuen Aufenthaltsort auf die Suche nach einem Verdächtigen, können wir oft feststellen, dass sie zwar dort eine Registrierung haben, oft führen sie aber auch immer noch den provisorischen Heimausweis aus der Landesaufnahmebehörde mit sich. Denn einen wirklichen Personalausweis oder eine ID-Karte mit Foto haben sie immer noch nicht erhalten. Was die Sache noch einmal etwas kompliziert macht: Ich rufe also in der LAB an, weil mir die Person ihren Heimausweis vorgelegt hat, erfahre dort aber, dass derjenige längst weiterverteilt worden ist. Es ist einfach so, dass sich oft nur sehr schwer eine Art roter Faden finden lässt.

Bei denen, die an andere Orte verteilt werden, ist es zudem so, dass man ihnen im Grunde einen Zettel in die Hand drückt, auf dem die Zugverbindungen zum Ziel vermerkt sind. Dann wünscht man ihnen im Grunde nur noch eine gute Reise und einen guten Weg. Es ist aber nicht so, dass man die Flüchtlinge auf diesem Weg begleitet. Das alles geschieht vielmehr eine Spur unorganisiert. Außerdem ist es schwer, einem Menschen aus Syrien oder Afghanistan ohne jegliche Kenntnis unserer Sprache mit Händen und Füßen zu erklären, wie er denn zu dem Ziel gelangt, an dem er sich wunschgemäß als Nächstes einfinden soll. Es kann also durchaus vorkommen, dass Flüchtlinge bei ihrer Zugfahrt falsch umsteigen und an einem Ort ankommen, an dem sie eigentlich nicht sein sollen. Dort besteht dann erneut das Problem, dass diese Flüchtlinge nun erklären müssen, woher sie kommen und wohin sie wollen. Wo sie am Ende tatsächlich ankommen, das ist die Frage.

Ich erinnere mich an eine Morgenkonferenz bei uns in der Soko, auf der unter anderem berichtet wurde, dass in der

Nacht um 2.30 Uhr plötzlich 150 Flüchtlinge vor der Landesaufnahmebehörde erschienen und dort gerne registriert werden wollten. Da frage ich mich, wo sind denn plötzlich diese 150 Menschen hergekommen, sind die vom Himmel gefallen?

Trotz all solcher Seltsamkeiten und aller Probleme, vor die wir immer wieder gestellt werden, glaube ich fest daran, dass wir mit unserer Arbeit in der Sonderkommission schon einiges erreicht haben. Es ist definitiv ruhiger geworden im Zusammenhang mit Straftaten von Flüchtlingen. Es spricht sich nämlich schon herum, dass man selbst wegen eines einfachen Ladendiebstahls schon mal verurteilt werden kann. Und natürlich nehmen die Flüchtlinge dieses Wissen mit, wenn sie auf andere Orte und Städte verteilt werden.

Die ethnischen Auseinandersetzungen – Unterbringung und Konfliktpotenzial

Ethnische Auseinandersetzungen unter Flüchtlingen sind für uns immer wieder ein Thema. Zu derartigen Auseinandersetzungen kommt es natürlich auch aus dem Grund, dass die Menschen im Grunde ohne Sinn und Verstand untergebracht werden. Es wäre schön, wenn ich sagen könnte, weil in den Unterkünften berücksichtigt wird, welche Nationalitäten untereinander verfeindet sind oder sich zumindest nicht sehr mögen. Wäre das der Fall, würden manche konfliktträchtigen Situationen vermutlich gar nicht erst entstehen. Tatsächlich ist es so, dass wir schon früh darauf hingewiesen haben, bestimmte Gruppen müssten einfach auseinandergehalten werden, um Schwierigkeiten weitestgehend zu vermeiden. Weil sich etwa Nordafrikaner und Zentralafrikaner einfach nicht miteinander vertragen. Dahinter verbergen sich jahrhunderte- oder vielleicht sogar jahrtausendealte Traditionen in Form von Konflikten. Nordafrikaner nehmen Zentralafrikaner schlicht oft nicht für voll – und bedenken sie gelegentlich mit wenig schmeichelhaften Bezeichnungen. Weil sie bis vor rund hundert Jahren auch noch als Sklaven gehalten wurden. Das ist eine Situation, die an die Südstaaten der USA erinnert. Es gibt einfach keine umfassende Akzeptanz für Schwarze. Jeder, der das weiß, der weiß auch, dass es zu Theater kommt, wenn man beide Parteien auf engstem Raum in einer Aufnahmestelle zusammenbringt. Zumal die Menschen sich teilweise vollkommen atypisch verhalten, wenn sie als Flüchtlinge zu uns kommen. Das trifft zum Beispiel auf weite Teile der nordafrikanischen Flüchtlinge zu. Die tun nämlich hier etwas, das sie in ihrer Heimat kaum tun – sie trinken sehr viel Alkohol. Bei den Zentralafrikanern dagegen ist das kaum ein Problem, jedenfalls dann, wenn es sich nicht wirklich um Moslems handelt. Denn die kippen eh ganz ordentlich, wenn ich das mal so deutlich sagen darf.

Ist Alkohol im Spiel, dann knallt es sehr häufig und vor allem sehr häufig auch sehr schnell. Auslöser sind in der Regel Nichtigkeiten. Da geht es dann darum, dass etwa ein Nordafrikaner es überhaupt nicht einsieht, wenn er sich beim Warten in der Schlange hinter einem Zentralafrikaner einreihen muss. Es geht einfach um all solche Dusseligkeiten. Was dann wieder zurückführt zu unserer Zivilgesellschaft: Geht es um Flüchtlinge, geht es auch darum, dass wir diesen Menschen die Werte unserer Gesellschaft vermitteln. Dass wir ihnen also auch sagen, dass bei uns der Schwarzafrikaner durchaus vor dem Nordafrikaner in der Schlange stehen kann, und für diesen auch nicht seinen Platz räumen muss. Bei uns darf auch ein Weißer hinter einem Schwarzen stehen, und vor allem ist genau das bei uns eben normal. Bei uns darf auch eine Frau vorne stehen, und die Frau darf dem Mann auch sagen, was er tun darf und was eben nicht. Es handelt sich also um solche eigentlich sehr einfachen Dinge, die man den Menschen aber eben erst einmal vermitteln muss.

Zurück zum Thema Alkohol. Bei den meisten Flüchtlingen handelt es sich zwar nicht um orthodoxe Moslems, trotzdem ist der Alkoholkonsum etwas überraschend. Wir haben es in der Vergangenheit noch nie gehabt, dass ganze Horden Nordafrikaner saufend durch die Stadt ziehen und sich dabei auch jenseits von 1,5 Promille bewegen. Aber auch wir kennen den nordafrikanischen Frühling nur aus dem Fernsehen und können nur vermuten, was dort tatsächlich geschehen ist und was dieses Geschehen in manchen Menschen ausgelöst hat. Algerien war sicher nicht ganz so orthodox, was den Islam betrifft. Aber bei Marokko und Tunesien wundert es einen doch ein wenig. Bei den Syrern und Irakern dagegen ist der Alkohol übrigens kein Thema.

Doch der Alkohol ist nicht einfach nur irgendein Problem. Der Alkohol führt eben immer wieder auch zu Auseinandersetzungen, die häufig in regelrechte Massenschlägereien ausarten. Und mit Massen meine ich in diesem Fall tatsächlich Massen. Da stehen dann schon mal 50 Personen aus dem arabischen Raum 100 Nordafrikanern gegenüber.

Der Hintergrund solcher Schlägereien – ob in der Unterkunft oder vor dem Supermarkt – sind in der Regel meist auch wieder nur Nichtigkeiten. Eigentlicher Auslöser ist aber eben häufig der Alkohol. Da geht es dann um Dinge, die jeder kennt, der schon einmal eine Kneipe besucht hat. Ist dort jemand betrunken, kommt es schon mal zum Streit, weil derjenige einfach nur angerempelt wurde oder ihm womöglich das Hemd des anderen nicht gefällt. Ist nicht nur einer, sondern sind mehrere betrunken, kommt es schnell zu einer um sich greifenden Schlägerei. Wie sehr dabei auch noch Animositäten zwischen einzelnen Volksgruppen eine Rolle spielen, lässt sich am Ende kaum noch nachvollziehen.

So etwas verunsichert beziehungsweise verärgert natürlich auch die Anwohner, und so etwas kann dann wieder zu ganz anderen Entwicklungen führen, die sich niemand wünscht. Dass nämlich die Aggression in der Form umschlägt, dass sie sich direkt gegen Flüchtlinge richtet oder gegen deren Unterkünfte. Entsprechende Berichte hört man ja immer wieder aus dem Land. Wobei ich aber auch sagen möchte, dass wir bei uns in der Stadt bisher noch keine wirklichen Straftaten gehabt haben, die sich gegen Asylanten richteten. Es gab also noch keine Überfälle von Rechten auf Flüchtlinge.

Allerdings begegneten wir vor einigen Monaten einem neuen Phänomen: Eine Gruppe von Bürgern plante eine sogenannte Bürgerwehr. Diese Gruppe war zunächst nur auf Facebook aktiv, wo sie eine eigene Seite einrichtete. Bald aber wurde dort auch dazu aufgefordert, dass sich – wie früher – nun Privatleute zusammenschließen und gemeinsam auf Streife gehen sollten. Diese Leute wollten sich mit schwarzer Kleidung und grünem Barett ausstaffieren, und auf ihren Patrouillen dafür sorgen, dass nichts Unrechtmäßiges geschieht. Das wird von unserer Seite natürlich nicht befürwortet, weil es schlicht und einfach verboten ist. Denn was da geplant war, wäre eine Art Polizei innerhalb der Bevölkerung. Das geht nicht, dafür sind wir da. Angeheizt wurden die Pläne noch dadurch, dass immer neue Gerüchte über Asylanten in Umlauf gebracht wurden – ob gezielt oder aus reiner Unwissenheit, lässt sich kaum klären. Da wird etwa erzählt, dass Hunde von Asylanten umgebracht werden. Im Sommer machte das Gerücht die Runde, Flüchtlinge würden auf Privatgeländen in Swimmingpools baden. Die Liste ist schier endlos: Dass sie gegen Wände urinieren, Deutsche anpöbeln und außerdem in den Bussen drängeln.

Inzwischen ist etwas Gras über die Sache gewachsen, aber solche und andere Auswüchse zeigen einmal mehr, wie wichtig es ist, offen mit dem Thema Flüchtlinge und auch dem Thema Flüchtlingskriminalität umzugehen.

SCHLUSSBEMERKUNG

Abschließend möchte ich noch ein paar Worte zu einem Thema anmerken, das mir sehr am Herzen liegt. Und zwar die Wertschätzung der Polizei und ihrer Beamten – beziehungsweise das Fehlen dieser Wertschätzung, und der Zusammenhang mit der Flüchtlingsthematik.

In jüngster Zeit haben sich mehrfach Polizeibeamte auch öffentlich zu Wort gemeldet, sie haben sich über Probleme mit muslimischen Migranten beklagt und auch darüber, dass sie sich sogar von Kindern beschimpfen lassen müssten.

Die Polizei, hieß es, würde immer hilfloser und verliere im Grunde die Hoheit auf den Straßen. Immer weniger Menschen zeigten Respekt vor den Ordnungshütern.

Wenn jetzt die vielen, eigentlich von Haus aus gesetzestreuen Hilfesuchenden derartige Beispiele bemerken, bekommen wir in der Tat ein Problem. Unsere Justiz in der Stadt Braunschweig hat das auch erkannt und wir halten dagegen. Ich hoffe, dass andere Städte folgen.

Eine Kollegin aus Bochum hat sich mittlerweile recht medienwirksam zur Frage des Umgangs der Polizei mit Menschen, die einen Migrationshintergrund haben, geäußert. Sie beklagt zu Recht, wie man mit uns seitens einiger Bürgerinnen und Bürger umgeht. Soweit so gut. Was sie aber meines Erachtens vollkommen falsch interpretiert, ist der wahre Hintergrund dieser Übergriffe von Menschen auf uns Polizei- und Kriminalbeamte. Dieses Problem wurde vor 20 oder gar 30 Jahren angelegt und tritt heute schonungslos zutage. Die vor kurzem hier eingetroffenen Asylsuchenden sind davon noch weit entfernt und man kann sie daher mit diesen Straftätern nicht in einen Topf werfen.

Denn unter den zahlreichen Krawallmachern und Widerständlern sind nicht nur Menschen mit Migrationshintergrund anzutreffen. Auch die »guten Deutschen« mischen da heftig mit und machen uns gewaltige Probleme. Aber das haben wir uns als Gesellschaft selbst mit eingebrockt. Durch die zunehmende Liberalisierung und Individualisierung bis zum pervertierten Hedonismus haben wir seit den Achtzigerjahren alles einfach so laufen lassen. Regeln waren und sind nur dazu da, sie zu überschreiten. Und jeder nimmt für sich in Anspruch, dass er alles darf, weil er ja ein freier Mensch ist und in einer Demokratie lebt. Aber das ist wohl eines der größten Irrtümer. Meine Freiheit hört da auf, wo ich die Freiheit und vor allem die körperliche Unversehrtheit anderer antaste. Dabei, und diese Anmerkung sei mir an dieser Stelle erlaubt, folgt die Bevölkerung ja auch nur denen, die sich als sogenannte Eliten über Gesetz und Recht sowie Ehre und Anstand einfach hinwegsetzen und der Meinung sind, dass Gesetze nur für die anderen gelten. Ob das ein Herr Hoeneß, eine Frau Schwarzer, ein Herr Zumwinkel, Boris Becker oder jetzt Herr Blatter mit seinen Kumpels Beckenbauer, Platini und Niersbach sind. Diese Liste könnte noch durch Dutzende von Namen aus der Politik ergänzt werden. Sie alle richten einen riesigen Schaden zum Thema Sitte, Anstand und Rechtschaffenheit in diesem Land an. Und auch der laufende VW-Skandal ist da sicher nicht das »Gelbe vom Ei«. Denn während Mustafa Gefahr läuft, nach drei Diebstählen und einer abgesessenen Haftstrafe abgeschoben zu werden, erhält Herr Winterkorn noch 16 Millionen Euro Gehalt für 2016 und hat bestimmt unter seiner Verantwortung mehr finanziellen Schaden angerichtet, als es besagter Mustafa oder eine Oma Schnöckelmann mit 600 Euro Rente bei Ladendiebstählen in 2 500 Jahren schaffen werden. Aber ich schweife einmal mehr ab.

Diese sozialen Ungerechtigkeiten, ausgehend von den sogenannten Eliten, führen dazu, dass der allgemein wahrgenommene Sittenverfall seit einigen Jahren dazu beiträgt, dass man durchaus auch auf die Polizei einschlagen darf, denn die behindere einen »ja in seinen Grundrechten«.

So lange die Justiz hier nicht spürbar durchgreift, wird das auch so weitergehen.

Aber ist ein ungerechtfertigter Angriff auf die Polizistinnen und Polizisten nicht auch ein Angriff auf uns, auf uns Bürgerinnen und Bürger, auf unser Gemeinwesen und damit auf unseren freiheitlichen Rechtsstaat?

Unsere Polizei ist gleichwohl nicht der verlängerte Arm von Papa und Mama, die vermutlich vor 20 oder 30 Jahren bei den meisten dieser auffällig werdenden Menschen versagt haben, indem nicht schon zu Hause die Grundlage für den Respekt und damit ein Menschenbild der gegenseitigen Achtung und Schätzung gelegt worden ist. RTL-, VOX-Nachmittagsfernsehen nebst DSDS oder andere Trashsender und -sendungen ersetzen einfach kein vorbildliches Elternhaus und eine achtsame und liebevolle Erziehung. Was dabei herauskommen kann und wie es sich uns Polizisten gegenüber zeigt, das hat die junge Kollegin in Bochum gut beschrieben und das erleben wir Polizisten tagein tagaus bei unserer Arbeit.

Das Gleiche gilt für einige Menschen mit Migrationshintergrund. Diese leben hier schon seit vielen Jahren in der Republik. Aus political correctness und/oder Ignoranz haben wir als Gesellschaft das einfach verpeilt und müssen jetzt aufpassen, dass uns dies mit der riesigen Zahl der zu uns geflüchteten Menschen nicht auch passiert. Meine Frage an Sie: Wollen wir dies weiterhin so laufen lassen, oder starten wir jetzt einmal richtig durch, um Teilhabe und Miteinander mit allen zu schaffen?

Noch heute leben unter diesen Menschen und vor allem
da zumeist die weiblichen Angehörigen abgeschottet vom
21. Jahrhundert. Hier muss unsere Gesellschaft schnell und
nachhaltig eingreifen. Es geht nicht um die Aufgabe von
Identität und Herkunft oder Brauchtum. Das verlangt kein
Mensch! Ich gehe persönlich gerne auf regionale Volksfes-
te und bin auch kulinarisch ein echter »Multikulti«. Meine
Frau und ich reisen gerne und haben schon viele Länder dieser Erde gesehen. Aber wir haben uns auch dort vorher informiert und an die dort geltenden Sitten und Gebräuche an-
zupassen versucht. Ich habe – und wies im Laufe des Buches
darauf hin – in allen Ländern gesehen, dass die Menschen
dort grundsätzlich respektvoll und achtsam miteinander umgehen. Dort werden auch nicht die Frauen belästigt und man
klaut nicht wie ein Rabe. Wer es in Ägypten, China, den USA,
Spanien oder Norwegen dennoch macht, bekommt mit den
Gesetzen dort Probleme und wird bestraft. Insofern verstehe
ich auch das Buhei hier nicht, zu Fragen der Ausländer- und
Flüchtlingskriminalität eine sachliche und richtungsweisende
Diskussion führen zu dürfen.

Ich fordere nur die Anerkennung unserer Verfassung als al-
leinige Grundlage für unser Zusammenleben ein.

Daneben kann und darf es keine »zweite Welt« geben. Und
das darf dann auch aus falsch verstandener Liberalität nicht
mehr aufgeweicht werden. Wer hier wohnen, leben, lieben
und arbeiten will, muss sich unserem Grundgesetz mit allen
seinen Angeboten, aber auch Verboten unterwerfen.

Wer das nicht will, kann und darf einfach gehen oder wird
nötigenfalls, wenn jetzt zu ändernde Rahmenbedingungen es
dann zulassen, des Landes verwiesen.

Nur so funktioniert unsere Bundesrepublik Deutschland.